上野がすごい

日本の未来を創る街

滝久雄
柳瀬博一【編著】

中央公論新社

はじめに——あらためて、上野がすごい

上野の歴史は、東京の歴史とぴったり重なる。

なぜか。それは、人々の営みに必要なすべてが揃った稀有の「地形」の上にこの「まち」があるからだ。

上野の丘は、東京湾に突き出た武蔵野台地の先端部に位置する。東側には隅田川、荒川、江戸川、かつては利根川と、関東の巨大河川が流れこむ。海と川を自在に利用できる地の利があり、丘の西側には小河川と湧水がある。台地の上に暮らせば、水害の心配もない。

かくして、旧石器時代から上野の地には、常に人々が集まってきた。江戸時代も、明治維新以降も、昭和の世も、上野は東京を代表するまちであり続けた。

何より上野は鉄道の中心地だった。

日本最初の私鉄は、１８８３（明治16）年に上野と熊谷を結び、高崎、前橋まで延伸し、生糸を運んだ日本鉄道である。後の日本国有鉄道、現在のＪＲ東日本の高崎線だ。東北地

方やさらに北海道、日本海地域と東京を結ぶ鉄道は、上野から延伸した。東北新幹線も上越新幹線も、東京駅に乗り入れるまで、上野がターミナルだった。

さらに上野は世界の玄関にもなった。1909（明治42）年に開業した京成電気軌道、現在の京成電鉄が1978年に成田国際空港へ乗り入れたからだ。

地下鉄の発祥の地でもある。1927（昭和2）年、上野と浅草を結んだ東京地下鉄道が開業した。現在の東京地下鉄（東京メトロ）の銀座線だ。

鉄道のターミナルになれば、必然、ヒトとモノが集まる。上野は消費や娯楽の中心となり、文化の中心となった。

ただし、時代を経て、東京全体が発達していくにつれて、東京の顔であり、玄関だった上野の役割は、東京の各地に分散していった。若者たちは原宿や六本木へと向かい、巨大不動産開発は、港区や湾岸エリアが中心となった。ターミナル駅としての機能も東京駅が中心となり、新宿や渋谷、池袋の方が規模を拡大した。東京の玄関口としての機能も品川などが台頭した。

現在の上野には、巨大都市開発の予定もない。鉄道会社を除き、大企業の本社もない。今時のＩＴ企業のメインオフィスもない。いつの間にか時代からちょっと取り残されているかにも見える。

そんな上野を、今あらためて「すごい」、とあえて宣言する。

それは、一見「ないないづくし」の上野こそが、これからの日本のまちづくりのモデルケースとなるからである。

たしかに上野には超高層ビルがない。でも、代わりに広い空がある。

都心で上野ほど青空を拝める場所は、皇居以外にない。そして、広い空の下にあるのは、100ヘクタールを超える歴史と文化と教育と自然である。

上野の総本山である寛永寺。周囲には、博物館から美術館までミュージアムが数多く集結している。その隣には、日本の芸術界を牽引《けんいん》する東京藝術大学のキャンパスがあり、若きアーティストの卵たちが日々集う。上野動物園と不忍池の周囲には緑が繁り、文字通り、都心のオアシスとなっている。

戦前からのまち並みが今も元気に息づいている。谷中・根津・千駄木、通称、谷根千《やねせん》だ。小さな店舗が道沿いに並び、生活者と観光客とが混じり、行き交う。

巨大な不動産開発は、金と土地さえあればどこでもできる。結果が、都心に林立するビル群だ。一方で、歴史、文化、教育、自然、古いまち並みの重要性については、過去30年ほどの東京や地方の巨大開発では、あと回しにされてきた。ビルの中に「テナント」として歴史や文化や教育や自然を間借りさせるだけだった。

ないないづくしに見える上野にあるもの。それは今の巨大開発に足りないもの、上野の持つ歴史と文化と教育と自然と昔ながらの人々の暮らしだ。いくら金を積んでも再現できない。まさにプライスレスの希少な価値である。

そんな上野の価値に気づいた人たちがいる。平日の上野や谷根千を訪れてみてほしい。世界中からの観光客で大賑わいだ。ある意味で、外からやってきた彼ら彼女らが、上野にしかない文化や芸術や歴史や自然やまち並みを再発見してくれた。

都心から地方に至るまで、あらゆるまちづくりに必須なことは、そのまちにしかない魅力を再発見し、磨き上げることである。

本書では、上野の魅力の再発見を行い、上野のすごさを読者の皆さんと共有することで、同時に未来のまちのつくり方のヒントを提示したい。

そこで「上野のプロ」たちに集まっていただいた。

第1章に登壇されるのは、寛永寺の貫首、浦井正明さんである。

上野といえば寛永寺だ。徳川家康の知恵袋である天海僧正がこの寺を開き、後に徳川が菩提寺とした。寛永寺がなければ、今の上野も、いや、今の東京もない。寛永寺の歴史と天海の研究者としても名高い浦井さんに、この寺の歴史から見た上野の価値について、たっぷりレクチャーいただこう。上野の「歴史がすごい」ことがわかるはずだ。

第2章では、「地形がすごい」と題して東京スリバチ学会の皆川典久さんに、上野の地形のユニークさについて、バーチャル散歩をしながら体験いただこう。「はじめに」の冒頭でも触れたように、上野の価値の底流には、ここにしかない「地形」がある。皆川さんの視点で上野のダイナミックな地形をぜひ味わってほしい。

第3章では、上野の暮らし、「まちがすごい」ことを、國學院大學教授の椎原晶子さんと東京商工会議所副会頭で東急会長でもある野本弘文さんにお話しいただく。東京藝大の学生時代から上野の隣の谷根千のまちの保全にかかわってきた椎原さん。商業の観点から上野のまちとゆかりのある野本さん。巨大都市開発からは抜け落ちてしまう、地べたからの人々の営みを、上野＝谷根千の地がどのように維持し、未来につなげていくのか。その取り組みを伺う。

第4章は、上野のユニークネスの象徴であるミュージアムの代表、東京国立博物館館長の藤原誠さんに「博物館がすごい」と称して、ミュージアムのまち、上野の魅力についてお話しいただく。今や国内外から常にたくさんの客を集める上野のミュージアムだが、ほんの二十数年前は閑古鳥が鳴いている状態もあった。上野の魅力の再発見を行い、マーケティングした筆頭、それが国立博物館だった。アートとまちのあり方について、刺激的な論を藤原さんが開陳する。

第5章は、上野の最大のビジネスである「鉄道がすごい」。東日本旅客鉄道（JR東日本）代表取締役社長の喜勢陽一さんと東京地下鉄（東京メトロ）代表取締役社長の山村明義さんにお話を聞いた。上野は、日本の近代鉄道の発祥の地である。国鉄も地下鉄も、ここからその網を広げていった。日本の交通と物流は、上野なしには語れなかった。まちづくりに欠かせないのは、動線＝交通と物流の視座である。上野の動線の過去と未来を語っていただく。

第6章は、「学校がすごい」。東京藝術大学学長で自身も藝大生だったアーティストの日比野克彦さんが、「藝大と上野」の関係について語る。日本のアート界を牽引する藝大だが、上野というまちとのつながりは100年の歴史があるのに、まだまだ希薄だという。上野が藝大のカレッジタウンのような位置付けとなり、藝大生と上野のまちと住民とが混ざっていくにはどうすればいいか。日比野さんの提言に耳を傾けたい。

第7章は、「すごい上野を未来に」と題して、隈研吾さんに、上野の魅力をこれから維持発展するにはどうすればいいか、建築と都市開発のプロの視点からアイディアを出してもらった。

上野の魅力は、寺社、教育機関、ミュージアム、アメ横などの商業空間、飲食街、歓楽街、緑地公園、動物園、住宅街といった異なるまちの機能が1カ所に集まっていることにある、という。

雑多な飲み屋街、いつでも活気のあるアメ横、道を隔てて向こうには不忍池、その先には上野動物園、丘を上れば数々のミュージアム、奥座敷に寛永寺、反対側には東京藝大、先に進むと谷根千のまち並み。この多様な魅力をどうつなげていくか。「上野」という一つのまちの魅力に集結するには、どんな施策が必要か。

隈さんのアイディアの一つは、人々がより歩きやすくなる「道」づくりにある。上野のまちのつなげ方を、隈さんに聞こう。

終章では、本書の企画を立ち上げ、以上のメンバーを集めたぐるなび創業者で株式会社NKB会長の滝久雄さんに『『上野がすごい』をまとめたわけ」をお話ししてもらう。

上野の魅力を再発見してくれたのは、東京都民というよりは、国内外の観光客たち、よそ者だった。上野に限らず、日本にとって今、そしてこれから、最重要の産業の一つが「観光」になる、と滝さんは指摘する。観光立国という言葉が生まれて既に十数年が経とうとしている。どうすれば日本中のまちを観光で盛り上げることができるか？　この普遍的な問いに対する答えの一つとして、滝さんは、上野のまちのすごさを再発見するプロセスをぜひ知ってほしい、そして各地で真似してほしい、と提言する。

上野の魅力は、過去の遺物を愛でることではない。未来の都市の姿を示す先駆者なのだ。経済的な繁栄だけでなく、文化的な豊かさ、環境との調和、歴史の継承。これらすべてを両立させるまちづくりの可能性を、上野は体現している。その魅力に眼差しを向けること。これが観光の第一歩である。上野から始まる新しいまちづくりの波。それが日本中に広がっていく。その可能性を、この本を通じて探っていきたい。

本書を携えて、未来を見据えたまち、上野の魅力に迫る旅に出かけよう。あなたの「都市」に対する概念が、大きく変わることだろう。

東京科学大学　柳瀬博一

上野がすごい　目次

はじめに
あらためて、上野がすごい 柳瀬博一
東京科学大学
リベラルアーツ研究教育院教授 1

第1章
歴史がすごい 浦井正明
東叡山輪王寺門跡門主、寛永寺貫首 13

第2章
地形がすごい 皆川典久
東京スリバチ学会会長 43

第3章
まちがすごい

(1 住民が守り伝える谷根千のまち並み 椎原晶子
國學院大學
観光まちづくり学部教授 74

(2 物語としてまちを受け継ぐ 野本弘文
東京商工会議所副会頭 102

第4章
博物館がすごい 藤原 誠
東京国立博物館館長 111

第5章
鉄道がすごい
（1）エキナカと上野のまちは共存共栄　**喜勢陽一**　東日本旅客鉄道株式会社（JR東日本）代表取締役社長　128
（2）メトロはまちの地下1階　**山村明義**　東京地下鉄株式会社（東京メトロ）代表取締役社長　136
第6章
学校がすごい　**日比野克彦**　東京藝術大学学長、アーティスト　147
第7章
すごい上野を未来に　**隈　研吾**　建築家　175
終　章
『上野がすごい』をまとめたわけ　**滝　久雄**　株式会社NKB・株式会社ぐるなび取締役会長・創業者　197
おわりに　滝　久雄　213
編著者略歴　222

Book cover design picture material

KATSUHIKO HIBINO

第1章

歴史がすごい

浦井正明
東叡山輪王寺門跡門主、寛永寺貫首

1698（元禄11）年建立の寛永寺根本中堂は、1868（慶応４）年、彰義隊の戦争の際に焼失。現在の根本中堂は1879（明治12）年に川越喜多院の本地堂（1638〔寛永15〕年家光が建立）を移築し再建されたもの。

上野の始まり

最初にご登壇いただくのは、寛永寺の貫首、浦井正明さんだ。上野の歴史は寛永寺から始まったといっても過言ではない。その歴史を守り、研究を続けてきたのが浦井さんである。

関東平野を覆うように流れる利根川、荒川水系。この2つの巨大河川の河口に面した武蔵野台地の東南部の先端に400年前、のちに徳川の菩提寺となる寛永寺を建立したのは、天台宗の僧侶、天海《てんかい》だ。家康の側近として類稀なる知性を各方面で発揮した天海は、寛永寺を軸に、上野の緑、泉と川の流れ、丘陵地の地形を生かしながら、不忍池《しのばずのいけ》に琵琶湖を模した観光地を創り、山内の大半を庶民に開放した。上野の地を江戸の民のための「テーマパーク」としたのである。以来、現在に至るまで、日本はもちろん世界中から観光客が集まる。上野の「すごさ」は、天海の初期設計にあった。浦井さんに上野の歴史の秘密、天海の構想力について伺ってみよう。都市のつくり方がゼロから辿れる。

東叡山寛永寺（以下寛永寺）は、来年２０２５年で創建400周年を迎えます。寛永寺は１

625（寛永2）年に上野台地に徳川幕府と国家の安泰を祈る祈禱所として建立され、その後に徳川将軍家の菩提寺も兼ねた国内きっての大寺院でした。創建したのは天台宗の慈《じ》眼大師《げんだいし》（天海）。徳川家康・秀忠・家光の三代にわたる将軍が信頼を寄せた高僧として知られています。

徳川幕府ゆかりの寺院として寛永寺は崇敬を集めた一方、上野は江戸の人々が憩い遊ぶ一大行楽地でした。現在の観光文化都市・上野の原型は、江戸時代に形作られ、その仕掛人が天海だったのです。天海がなぜ、どのようにして上野を作り上げていったかをお話ししたいと思いますが、まず寛永寺が創建される以前の姿を簡潔にご説明しましょう。

かつて徳川幕府の「聖地」であった上野。そのシンボルである寛永寺の貫首の浦井さんは、1937（昭和12）年に東京に生まれた。寛永寺の執事長や台東区教育委員会委員長などを歴任し、2020年から貫首を務める。ライフワークである江戸時代の歴史や天海の研究に打ち込み、著書も多い。地域の人々から頼られる、上野の「生き字引」のような長老だ。

上野の地が歴史に現れるのは中世も後半になってからです。晩年の豊臣秀吉が帰依した京都・醍醐寺座主の義演《ぎえん》が記した『義演准后日記《じゅごうにっき》』に、江戸で「忍岡《しのぶのおか》」に出かけたことが記されています。忍岡ないし「忍ケ丘《しのぶがおか》」の名は当時の上野一帯を指すと考えられ、その名は区内の小中学校や高校の校名に残っています。

『義演准后日記』には、今は不忍池の近くにある五條《ごじょう》天神らしき神社が出てきます。その時代は上野公園の中央にある擂鉢山《すりばちやま》の上に鎮座していましたが、のちに寛永寺門前やアメヤ横丁の入口付近などに何度か遷座し、昭和初めに現在の場所に移りました。日記には、五條天神の後に近くの浅草に関する記述がありますから、忍岡が上野を指すことは確定的だと思われます。

秀吉の命による国替えで江戸入りした徳川家康は、葦が生い茂る湿地帯が多い未開地の大改造に取り掛かり、町割りを行います。臣従する大名にも土地を与え、それぞれ屋敷を作らせました。たとえば、東京大学本郷キャンパス一帯は、前田家の加賀藩とその支藩の富山藩、大聖寺《だいしょうじ》藩などの屋敷地に割り当てられました。

上野は、外様大名ながら家康の信頼が厚い藤堂高虎《とうどうたかとら》や堀直寄《なおより》など三家に下屋敷用地として与えられました。その後、第二代将軍秀忠が上野の台地を寄進して寺が建立されることになり、三家は別に用地をもらって立ち退きました。

1622（元和8）年に秀忠が寄進した上野の山に、建物はほとんどありませんでした。

本邸である上屋敷に対して、下屋敷地は隠居所や別荘用ですから、大名たちも積極的に建物を建てなかったのでしょう。それまでも住んでいたのは地元の豪族や神社（五條《ごじょう》天神、小野照崎《おのてるさき》神社）くらいで、人影も少なく、大半が鬱蒼とした森だったと考えられます。

そんなほとんど未開の地の上野を与えられた天海は、まず土地の造成や道路の普請から始めて寛永寺を作り上げていきました。

山城と近江の名所写し

寛永寺を創建した天海（1536～1643年）は、謎に包まれた人物だ。陸奥《むつ》国会津に生まれ100歳以上の長寿を保ったとされるが、出自を語らなかった。11歳で出家し、京都に近い比叡山延暦寺や園城寺《おんじょうじ》（滋賀県）、興福寺（奈良県）、足利学校（栃木県）などで仏教やいろいろな学問を学んだ。その後、関東の武蔵国に移り、無量寿寺《むりょうじゅじ》北院（現在の川越大師喜多院）の住職になった。

いつ徳川家康と出会ったかは定かではないが、家康は天海を高く評価し側近に招いた。天海は初期徳川幕府の宗教・朝廷対策についてさまざまな相談を受け、大きな影響力を持ったとされる。家康の没後は日光東照宮の造営を任され、織田信長による焼き討ちで壊滅的になった比叡山の再建にも尽力した。

第二代将軍秀忠も天海を信頼し、帰依した。秀忠から江戸城を守護する鬼門（北東）の位置にある上野の山を寄進された天海は、幕府と国家の安泰を祈る寺院の建立に取り掛かる。平安時代初期の延暦年間に朝廷の勅願寺（国の祈禱寺）に定められた延暦寺に倣い、山号を東の比叡山を指す「東叡山」、その時の年号から寺名は「寛永寺」とした。


天海は、上野台地を比叡山に見立てて寛永寺を建立していきますが、その在り方を巡って幕閣と対立します。幕閣は、寛永寺は徳川家と幕府の安泰を祈る専用の祈禱寺にするように求めましたが、天海は独自の構想を持っていました。それは、徳川の祈禱寺の役割に加えて、誰でも自由に参拝できる寺院にするというものでした。将軍家や幕府高官が祈禱寺を訪れるのは年間に何日もなく、使う場所も限られますから、それ以外は開放すべきだというのが天海の考えでした。

幕閣は再三にわたり翻意を促しますが、天海は頑として言うことを聞きませんでした。業を煮やした幕閣は、最初に秀忠が寄進した土地や金銭以外は支援を行わない厳しい姿勢を示します。それでも天海は意志を曲げず、自分が考えた構想通りに上野の山を造営していきました。

天海の構想は、上野の山に山城（京都府）と近江（滋賀県）の名所《などころ》を写すことでした。ご存じのように比叡山は、山城と近江にまたがっています。そこで不忍池を近江の琵琶湖に見立て、そちらに竹生島《ちくぶしま》に祀られている弁財天をお迎えして弁天堂を作りました。弁天堂が建つ不忍池の中之島は、近くの山の一部を削って埋め立てたものです。

さらに京都の清水寺を模して清水観音堂を建てました。本尊は、清水寺の義乗院春海上人から頂いた鎌倉時代作とされる千手観音像をお祀りし、建物はやや小さめですが、清水寺と同じ舞台造りになっています。同じ京都八坂の祇園（牛頭天王《ごずてんのう》、現在の八坂神社）をお迎えして、今の精養軒のところに祇園堂も建立しました。

かつては上野の山に大仏も鎮座していました。京都の方広寺の大仏を模したもので、最初のものは天海が越後国（新潟県）村上藩主の堀直寄に頼んで作られました。方広寺は豊臣家ゆかりの寺院で、その梵鐘に刻まれた「国家安康」の文言は、徳川方が家康の名前を分断し呪っていると難癖をつけて「大坂の陣」の引き金に利用したことで有名です。そんな因縁がある寺の大仏を模して上野に置いたわけですから、幕府が喜ぶはずがないですね。

上野大仏はその後、何度か地震や火災で被災して鋳造し直されました。関東大震災で倒壊してしまい、解体されて当寺で保管されていましたが、第二次大戦中に胴体部分は供出を余儀なくされました。現在は当寺が守り抜いたお顔部分だけが壁面レリーフに仕立てられて（通称「合格大仏」）、元の場所で公開されています。

天海の非凡さは、名所の写しを設けたばかりでなく、上野の山の環境整備にも取り組んだことです。たとえば琵琶湖から移した紅白の蓮を不忍池に植え込み、奈良の吉野山からは桜を取り寄せて植えました。今の国際子ども図書館の通りにもみじを植樹し、東京国立博物館を望む噴水広場のあたりには赤松を、他に寒椿や梅の木も植えました。

春は桜、夏は蓮、秋は紅葉とお月見、冬は寒椿と梅。四季折々の花を関西の名所と共に楽しめる上野は、多くの人が訪れる行楽地になって浅草と共に江戸屈指の名所に数えられるようになります。その伝統は現在まで引き継がれ、特に花見のシーズンには国内外から多くの方が桜を目当てに上野公園を訪れます。天海の意志は、400年後の今も生き続けているのです。

天海は今で言うランドスケープデザインの才能を発揮して、人が集う上野の原型を作り出したと言える。天海は、寺のみならず、儒学や易学、建築など幅広い学問を伝授した高等教育機関の足利学校でも学んだという。上野造営の際には、培った知識と幅広い人脈をフル稼働したと思われる。

だが、そもそもなぜ天海は、「庶民のレジャーランド」を当地で目指したのだろうか？

人間は憩える場が必要で、衆生《しゅじょう》を救う仏様がおられる寺はそうした役割も担うべきだと考えたのではないでしょうか。寛永寺を徳川幕府のためだけの寺にすると、上野には一般の人が来られなくなってしまいます。そうではなくて、誰でも訪れることができる場所にしたい、そして特に遊楽の地にしよう、と天海は考えたのだと思います。

当時は江戸から京都に行くには、普通徒歩で15日、急いでも12日くらいかかりました。さらに庶民は基本的に武蔵国の外に出ることは許されませんでした。でも、江戸の人々は清水寺や方広寺の大仏、琵琶湖に弁天様があることは知っていたわけですね。そうした名前は知っているけれど見ることは叶わない関西の名所の写しを上野に集め、人々がお参りしたり、休んだりできる寺にしようというのが天海の発想でした。

なぜそれを思いついたかと言えば、当時は室町時代以来の「見立て」の考え方が流行していました。たとえば「近江八景」というものがあります。これは、室町中期に関白近衛政家が中国湖南省の名勝である「瀟湘八景《しょうしょうはっけい》」にちなみ、琵琶湖の周りの優れた八つの景色を選んだものだと伝えられています。

いま上野公園にある清水観音堂や弁天堂を訪ねると、地形と建物が見事にマッチしていることに驚かれるのではないでしょうか。天海は、大変な見立て巧者だったと思います。

また、平安初期に桓武天皇が朝廷の祈禱寺に決めた比叡山延暦寺は、京都御所を災厄から守る鬼門（北東）の位置にあります。天海は、江戸城と同じ位置関係にある上野台地を比叡山に見立てて、さらに近辺にある名所も写せば、「西の延暦寺」「東の寛永寺」という構図が完成すると考えたのかもしれません。

それも、ただ建物を模したのではなく、わざわざ元の寺社に頼んで本尊をお迎えし、併せて周辺環境を整備しました。さらに寛永寺本堂など一部を除く境内地の多くを開放して、人々が自由に出入りできるようにしました。権力者側と一般の人々の双方が参拝できるように考え抜いた構想だと思われます。

幕府に物申した天海の志

宗教者として、家康の近侍者として戦国の世を生き抜いた天海は、上野に人心を安定させ平和を実感できる場所を作ろうとしたのではないだろうか。家康が「人中の仏なり」と評した人柄と信念がうかがえる。

だが、そんな天海の前に難題が持ち上がる。寛永寺の在り方で意見が対立する幕閣が、寺院造営に一切協力しない姿勢を示したのだ。時代は第三代将軍家光の世になっていた。

幕府は、寛永寺を芝の増上寺のようにしたかったのです。浄土宗の増上寺は、家康が定めた徳川将軍家専用の菩提寺で当時一般の人の立ち入りは禁じられていました。そのため、増上寺の門前町はあまり発展しませんでした。

寛永寺を開放する構想の中止を幕閣は繰り返し求めますが、天海は折れず、どんどん上野の造成を進めていきました。幕府は結局、はじめに秀忠が寄進した上野公園の約半分の17万坪の土地と5万両、本坊として移築が予定された品川の八ッ山御殿（高輪御殿）以外は、支援しないと決定しました。秀忠が寄進した翌年に家光が将軍職を継ぎますが、家光の治世下では幕府は一棟の建物も寄進しませんでした。

幕府の支援を受けられなくなった代わりに、多くの大名が寛永寺の建立に協力しました。徳川御三家も協力して尾張家と紀伊家は法華堂と常行堂を、時の老中の土井利勝は儀式用の鐘を寄進しました。不忍池を埋め立てて中之島を作った時は、常陸国《ひたち》（茨城県）下館藩主の水谷勝隆《みずのやかつたか》が人手を貸しました。

土井利勝は五重塔も寄進しました。1631（寛永8）年に寄進した塔は8年後に焼失しましたが、再び寄進を申し出て再建した五重塔が上野動物園の敷地内に立っています。利勝は、短い間に今で言えば高層ビルのような五重塔を2基も建てたわけです。

幕閣、つまり幕府首脳部は建前論が重要ですから、幕府の方針に反した天海を公的に援助できません。でも、もともと天海と付き合いがあり、心を寄せていた大名は個々に協力したのが面白いですね。

将軍家光は祖父の家康を深く尊敬していましたから、祖父が高く評価した天海を敬慕しました。表立って寛永寺を支援こそしませんでしたが、天海の意向を受けて比叡山延暦寺に根本中堂《こんぽんちゅうどう》（本堂、国宝）や山門（文殊楼）を寄進しました。

また家光は、上野に家康を「東照大権現」として祀る東照社（東照宮）を建立しました。家康の死後、まず久能山（静岡県）、次いで日光山（栃木県）に作られた東照社は、本拠地の江戸では浅草や芝に作られました。上野にも大名の藤堂高虎が私費で作りましたが、浅草の東照社が火災で焼失すると家光は怒り、高虎が建てた建物を解体撤去して、自ら新たな東照社を建てました。現在まで残った建物を見ると、非常に豪華かつ手が込んだ意匠で家光の心入れがうかがえます。

関西の名所を写した清水観音堂や弁天堂は、天海が自費で建設しました。観音堂の解体修理でわかったのですが、一番大きい梁《はり》は生木が使われ、小屋組みも何種類もの木材が使用されています。通常建材は同じ1種類の木材を使うものですが、おそらくお金がなくて、身近にある資材を用いたのだと考えられます。

三代にわたる将軍に仕えた天海は、一般的に知略に富み陰で暗躍した「怪僧」のイメージが根強い。しかし浦井さんの解説からは、スケールが大きな人柄と先を見通す目を持ち、民に心を寄せた人物像が浮かぶ。

天海を「政僧」「黒衣の宰相」と呼ぶ人もいますが、それは誤解です。天海が政治に口を挟んだことはなく、関わったのは宗教的な問題と助命・減刑の嘆願だけです。常に自分の信念に基づいて行動し、幕府とも再三喧嘩しています。

たとえば1627（寛永4）年に起きた「紫衣《しえ》事件」（後水尾天皇が僧侶に与えた紫衣着用勅許を将軍家光が無効化し、朝幕が対立した）では、幕府に抗議して流罪にされた大徳寺の沢庵宗彭《たくあんそうほう》らの減刑運動を行いました。大赦で沢庵が許され流刑先から戻ってくると、今度は高く評価している彼を連れて家光に会いに行きました。家光は沢庵を流罪にした幕府のトップなのに、随分思い切ったことをするものですね。

ところが、会うと家光は沢庵が気に入って近侍に招き、次第に尊敬を深めて彼のために寺院まで創建します。沢庵が初代住職になった品川区の東海寺です。

京都・妙心寺の住職人事でも、天海は幕府に文句を言いました。寺が新住職に推挙し、幕府が反対した大愚宗築《たいぐそうちく》について、学問の篤さや人物を保証する手紙を書いています。紀州徳川家から追放された家老に対し、自分が藩主に話を付けるからと復帰を促す手紙を出すなど、さまざまな人のために尽力した様子がうかがえます。

要するに天海は、宗教者としての信念に生きた人だと思います。普通の人なら「やらない方が得だ」とそろばん勘定をするところを、絶対に我慢しません。根っから性格的に筋が通らないことは認められない人なんですね。僕はそこが好きなんですよ。

門前町の発展と聖俗の賑わい

幕府と寛永寺の対立は天海の没後、第五代将軍綱吉の時代に解消する。ただ、それは寛永寺側が一方的に折れたわけでも、双方が突然和解したのでもなく、いくつかの前段があった。

天海を慕った家光は、寛永寺で葬儀を行うように言い残しました。祖父の家康と天海が共に眠る日光山に葬るようにとも遺言し、作られたのが日光山輪王寺の大猷院《たいゆういん》霊廟です。その家光の子である家綱・綱吉の両将軍は、やはり遺言により寛永寺で葬儀が行われ、上野に霊廟も作られました。そうして寛永寺は、徳川家の祈禱寺だけでなく菩提寺にもなり、今は両公の他に4人の将軍（第八代吉宗、第十代家治、第十一代家斉、第十三代家定）が眠っておられます。

また、綱吉は後西天皇の皇子で寛永寺の第五代山主であった公弁法親王《こうべんほっしんのう》と仲が良く、なぜ寛永寺に本堂がないかを山主に問うたそうです。経緯を知り、不都合だと考えた綱吉は1698（元禄11）年に本堂、山門、仁王門を寄進しました。そうした主要伽藍《がらん》は、それまで創建から80年近くたっても上野の地になかったのです。綱吉が寄進した建物群を得て、ようやく寛永寺は名実共に江戸を代表する大寺院になりました。

江戸に数ある寺院の中で寛永寺が「別格」とされた理由は、徳川家との関係以外にもう一つある。京都の朝廷が山主（住職）に与えた「輪王寺門跡」の称号である。天海の希望で第三代以降の山主は代々天皇の皇子か猶子（養子）が迎えられたため、この尊貴な称号が許された。天海はもしかすると、天皇家との関わりを強調して他と差別化することで、寛永寺の「ブランディング」を図ったのかもしれない。

寛永寺に主要伽藍が整い行楽地の要素も備えた上野は、急速に門前町が発展した。近くの浅草には寛永寺創建まで徳川の祈禱寺の役割を担っていた浅草寺があり、やはり参拝客

で賑わっていた。「聖」の寺院と「俗」の門前町、二つの要素がない交ぜになった上野と浅草は、江戸有数の名所になり、多くの人を引き寄せた。

ロンドンの大英博物館が所蔵する「上野浅草図巻」という2巻本の絵巻があります。上野で桜見物する人々とまちの賑わいが描かれた非常に良い作品です。共に『台東区史』の編纂に携わった歴史学者の西山松之助先生（東京教育大学名誉教授）が渡英して、絵巻の全場面を写真に撮影されて、区史と別に図録を作成したことがあります。その時に僕も一緒に制作された年代を特定したのですが、寛永寺仁王門の位置から推定して１７２１（享保6）年頃に描かれたとわかりました。

その絵巻を見ると、上野の広小路に卯建《うだつ》（防火壁の一種）が上がった店舗がずらりと並んでいるんですね。享保6年は、綱吉の三代後の第八代将軍吉宗の治世初期に当たります。その頃は、既に上野は繁華街だったのです。

盛り場となった上野・浅草のまちには、さまざまな人が訪れました。庶民だけでなく、上流階級も遊行に訪れた記録が残っています。

一例に江戸中期の大和国（奈良県）郡山藩主で柳沢信鴻《のぶとき》という大名がいます。彼は、綱吉の側用人だった柳沢吉保の孫に当たり、隠居後は吉保が作った六義園《りくぎえん》（文京区、現在は都立庭園）に住みました。その六義園から彼はよく上野や浅草へ、それも駕籠《かご》や騎馬ではなく歩いて遊びに出かけています。往復だと相当距離がありますから、お殿さまながら健脚ですね。

柳沢信鴻は、俳諧や演劇を好む洒脱な人だったようです。死ぬ間際まで日記（『宴遊日記』『松鶴日記』）を付けていたんですが、その中に今日はどこで蕎麦を食べたとかね、道中で目にしたものとか、上野の広小路で大道芸を見たとか、事細かに記述しています。まさに江戸時代の「散歩の達人」です。

上野と浅草は、いずれも聖地と俗地が共存しています。以前に民俗学者の宮田登先生（筑波大学名誉教授）にうかがったら、それは民俗学的に当たり前のことで、さらに山か川（水）があることが繁栄の条件になるそうです。上野には山があり、浅草には川がありますから、地理的にも適合したことになりますね。

宮田さんはもう一つ、聖地の性質について興味深いことを言われました。名所旧跡には、その土地の地霊に当たる動物霊が付いているのが根本的な条件だそうです。寛永寺には穴稲荷というお狐さん、浅草寺には鎮護大明神というお狸さんがいます。山と川、さらに動物霊と民俗学的に発展する条件が揃っていたのが、上野・浅草界隈かもしれません。

明治以降は近代化の象徴に

江戸時代きっての巨刹である寛永寺を規模の面から見てみよう。上野公園の半分に当たる17万坪から始まった境内地は、最盛期は山全体がすっぽりと入る30万5000坪に及んだ。武士の領地に当たる寺領は1万石超と小大名並みの石高だった。今、上野公園の噴水広場には、間口45メートル・奥行42メートルの壮大な根本中堂（本堂）がそびえ、江戸後期には36坊の子院以外に30棟を超す伽藍（霊廟建築）が境内に立ち並び、威容を誇った。

しかし、明治になると上野は大きく様変わりする。彰義隊が境内に立てこもり官軍と戦った上野戦争（1868年）で伽藍の大半は焼失。寛永寺は、彰義隊に与《くみ》したと咎められて全山が没収され、関係者は立ち入りを禁じられた。翌1869（明治2）年に建物が残る土地だけに戻ることが許可されて、壊滅的な打撃を受けた寺の復興が始まった。

寛永寺は、官軍が放った火によりほとんどの伽藍が焼けてしまいましたが、本坊表門や清水観音堂、五重塔、家光が造営した東照宮は残りました。寛永年間（1624～43年）に建てられた本坊表門は、一時は博物館の正門に使われましたが、1936（昭和11）年に寛永寺に返還されました。門扉を見ると、上野戦争の時に弾丸や砲弾が貫通した穴痕がたくさん残っています。

根本中堂が焼失したため寛永寺は建物が必要になり、頼ったのは天海ゆかりの埼玉・川越の喜多院でした。同寺の薬師堂（本地堂）を譲り受けて移築したのが今の本堂です。奇しくも家光が寄進した建物で、１６３８（寛永15）年の建造ですから元の根本中堂より古いのです。

面白いのは、移築した時の方法です。イカダに載せた建物を、川越から隅田川まで水路を使って運び、浅草で陸揚げしました。トラックがない時代ですから、コロ（重い物を運ぶ際に転がして使う堅木）を利用して建物をずずーと人力で引いて上野まで持ってきたそうです。大変な手間がいり、移築が１８７９（明治12）年に完了するまで３年かかりました。

明治以降の寛永寺の場所は、綱吉の菩提寺であった子院の大慈院のところです。最後の将軍慶喜は、鳥羽伏見の戦い（１８６８年）に敗れた後に江戸に戻り、大慈院で謹慎しました。それで当寺には、慶喜が２カ月ほど過ごした部屋（謹慎の間）が残っています。

世の中が落ち着くと、明治政府は元の境内地を少しずつ返還してくれました。今の寛永寺は、本堂がある場所を中心に寺地は計３万坪くらいでしょうか。それが上野公園の中に飛び飛びにあるというふうに現在の姿をご理解いただければと思います。

明治維新直後の上野の山は、新政府の各省による「争奪合戦」が繰り広げられた。病院や陸軍の墓地など、各省の思惑《おもわく》からさまざまな計画が立てられた中で、最終的に採用されたのはオランダ人軍医ボードウィン博士による公園の提案だ。東京のような大都市には公園が必要だと考えたボードウィンは、その地に上野がふさわしいと提言し、紆余曲折を経て実現した。

1876(明治9)年、日本初の西洋式都市公園である上野公園が開園した。翌年には早くも第1回内国勧業博覧会が園内で開催された。勧業博は第2回(1881年)、第3回(1890年)と立て続けに同地で行われ、上野のまちは繁栄を取り戻していく。

上野公園全体で考えると、薩摩出身の元勲の大久保利通の存在は大きかったと思います。西洋の視察経験がある大久保は、公園や博物館、博覧会の意義を認識していました。それらは日本の近代化を推進するうえで役立つと考え、開催や開設を後押ししました。

大久保は岩倉具視《ともみ》や伊藤博文らと1871(明治4)年から2年間、使節団の一員として欧米を回りました。その時にイギリスで水晶宮(The Crystal Palace)という、文化施設とはかくあるべきだという見本を目の当たりにします。水晶宮は、最初は第1回万国博覧会（1851年）の会場用に建造された巨大建築です。その後解体されロンドン近くの丘陵に移設されて、大久保が見た頃は植物園や博物館、美術館が入る複合施設になっていました。

水晶宮をはじめさまざまな文化施設を見学した大久保らは、一つの公園を中心に博物館・動物園・植物園などを併設したものが、ヨーロッパの文化ゾーンの在り方だと学んだのではないでしょうか。上野にそれを作ろうと考え、1873（明治6）年の太政官布達として公園令が出されると、造成に取り掛かろうとしますが、資金不足でなかなか進みませんでした。

ヨーロッパ式の公園は、植樹を行ってシンメトリーに庭園を造ります。当初は上野もそうする予定でしたが、資金の目途が立たず、結局寛永寺の建物を撤去し既存の樹木を利用して開園に漕ぎつけました。大規模な変更が行われなかったために、私たちは江戸初期に天海が構想したランドスケープを現在も楽しめています。

ちなみに公園令布達の翌日には、東京府が上野の他、芝や浅草、王子飛鳥山、富岡八幡宮など5カ所に公園を作ると申し出ましたから、根回しがあったのかもしれません。5カ所はいずれも徳川幕府に関係が深い場所で、特に上野はシンボル的な存在です。そうした地に、近代化を象徴する西洋式の公園を造ろうとしたところに明治政府の政治的意図を感じます。

当初、上野の寛永寺の旧根本中堂と旧本坊の跡地は文部省が押さえていました。それを大久保が率いた内務省は国に返還させ、1882（明治15）年に東京国立博物館の前身である博物館が開館しました。開館に尽力したのは英国留学の経験がある官僚の町田久成で、博物館を作ろうという彼の構想を大久保はバックアップしたのです。同年に上野に動物園も開園しましたが、植物園には幕府時代の小石川御薬園（養生所）がそのまま使われました（現小石川植物園）。

上野公園で行われた内国勧業博覧会も、大久保が推進して内務省が主催しました。殖産興業を目的に開催された同博覧会は、園内に建てた陳列館に工芸品などの輸出品や最新の機械、絵画・彫刻といった美術品を並べ、近代化した日本の国力を国内外にアピールしました。物珍しい品々は大評判になって初開催時の入場者数は45万人余にも上り、その成功を受けて後に京都や大阪でも開催されました。

明治になると、不忍池の様子も大きく変わりました。江戸時代は6万坪の広さがありましたが、一部を埋め立てて池畔を整備し、1884（明治17）年に競馬場が作られました。1892（明治25）年まで開催された上野競馬は、不忍池を周回するコースで行われ、今の上野動物園の西園あたりに2階建ての立派な馬見所（メインスタンド）がありました。

上野競馬は、英国の上流階級が集うアスコット競馬を模したようで、華族や政府高官、実業家らが観戦する社交場でもありました。明治天皇と皇后のご夫妻も観戦されています。一般の人々は場内には入れませんでしたが、柵の外からレースを見ることはできました。基本的に社交が目的ですから、ギャンブル性はなく、馬券は発券しませんでした。来場者は観戦するだけです。華族の奥方が集まり女性だけで競馬会を開催するなど、優雅なレクリエーションでした。

西洋式競馬は、幕末に横浜の居留地に住む外国人のために常設のレース場が作られました。日本人の運営による初の洋式競馬は、1870（明治3）年に東京・九段の東京招魂社（靖国神社）で開催されました。競馬場のコースは、今は大村益次郎の銅像が立っているあたりに作られました。ただ距離が短いと評判が良くなかった様子で、その後は戸山ケ原（新宿区）に競馬場が作られますが、これは都心から離れているので人が集まらず、便が良い上野の不忍池が選ばれたのだと考えられます。

整地された不忍池のほとりを使って、当時は自転車競走と呼ばれた競輪、自動車やオートバイのレースも開催されました。日本人による最初の自転車競走は、1898（明治31）年に大日本双輪倶楽部が不忍池で行ったレースです。西洋生まれの自転車は、明治初年に国産製品が作られるようになりましたが、非常に高価で選手たちは富裕層の支援を受けて走ったそうです。

日本最初の私鉄である日本鉄道（後の国鉄、現ＪＲ）が、１８８３（明治16）年に初めて路線を開業したのは上野─熊谷駅（埼玉県）間で、その８年後には現在の東北本線に当たる上野─青森駅間が開通しました。１９２７（昭和２）年には、日本初の地下鉄が上野─浅草間に開通しました。上野は、「日本で初めて」が多く行われた場所なのです。

こうして明治以降の上野は、欧米に追い付き追い越せと急ぐ日本の近代化を象徴する場所になりました。もっとも江戸時代から上野や不忍池は、多くの文人が文章に書き、俳句や和歌に詠んだ地でした。その意味で、政権が交代しても変わらずに文化の中心地の一つであり続けたとも言えるかもしれません。

山とまちが一体化してこそ

上野公園に足を踏み入れると、背が高い建物がなく、空が広いと気づく。江戸以来の自然がたっぷりと残り、心なしか空気が爽やかに感じる。憩える水辺の不忍池には、種々の水鳥が遊び、池全体に広がる蓮の緑が目を癒やしてくれる。

上野公園は、本当に緑が多いんです。桜の木だけでも800本以上あります。

東京都が2007年に上野公園のグランドデザインの検討会を設置した時に、僕も委員会メンバーに入れてもらいました。園内の樹木について質問されて、公園中央の噴水のあたりに立って周囲を見てほしいと言いました。当時は国立科学博物館も旧東京音楽学校奏楽堂もまったく見えない状態でしたから、見通しを良くするために、いらない木や自然に生えた樹木は切ってほしいと頼んだのです。

すると、公園を所管する都建設局の人が、「坊さんが木を切れとは、とんでもないことを言う」と。僕は何でも切れと言ったわけではなくて、公園の景観を保つ樹木は残し、景観を壊す木は切るべきだと言いましたが、なかなか理解してもらえませんでした。すると、委員長の進士五十八《しんじいそや》先生（東京農業大学元学長）が「浦井さんが言うことが正しい」と言ってくれて、今のように見通しが良くなりました。

また上野は桜の名所として有名ですが、今植わっているのはソメイヨシノばかりで、これは江戸時代末期に人工的な交配で作り出されました。そこで、園内にある桜を守り育てながら本来植えられていた品種を増やし、より魅力的な桜の風景にしようと、有志で2006年に「上野桜守の会」を結成しました。会では、樹木の手入れや健康調査などを行い、苗木購入のための寄付も募っています。江戸時代に天海が植えた吉野桜も寄贈していただき、公園内の通りに植えました。

江戸時代以来、山とまちが一体的に発展してきた上野。観光都市としてさらに魅力を増すために、どのような工夫が求められているのだろうか。

僕がずっと気にしているのは、上野の山とまちに一体性が薄いことです。上野公園を訪れる人の多くはＪＲ駅の公園口から来ると、博物館や動物園を楽しんだら、山を下りずにそのまま公園口から帰ってしまいます。山とまちの間に回遊性がないんですね。

上野公園内には、これほど多くの文化施設があって、連日大勢が訪れているわけですから、下の広小路へつなぐ導線の工夫が必要です。逆にアメヤ横丁などに買い物に来た人も、ちょっと足を延ばせば公園をエンジョイできますから、双方向性がある導線を考えてほしいですね。

少し残念なのは、文化施設の方は山だけ、商業施設の方たちはまちだけを視野に考えがちな傾向があることです。上野も浅草も、寺だけで繁栄してきたのではなくて、門前町と共に発展してきたのですから一体化に努めることは大切です。まず、上野全体の回遊性を高めることに主眼を置かないと、地域の活性化につながらないのではないでしょうか。

回遊性で言えば、上野と浅草間を歩いて楽しむ人が少ないことも気になります。上野と浅草の間の浅草通りはわずか1・5キロですが、あまり歩く人を見かけません。仏壇通りと呼ばれる仏具店が多い道ですが、江戸からかみ（唐紙）の店の東京松屋や、少し入れば由緒ある寺院や柔道の講道館の発祥の地、食器や調理器具を扱うかっぱ橋（合羽橋）の道具街にも行けます。

ただ、散策場所として見ると、現状の浅草通りは素っ気なく感じます。一つの提案ですが、たとえば、通りに面したお店に暖簾を掛けてもらい、路上の所々にベンチを設置したらどうでしょうか。暖簾は日本画家の手塚雄二さんのアイディアなんですが、数百メートルおきでも、まち並みに統一感が出ますし、疲れたら腰を下ろす所があれば気軽に行き来できるのではないでしょうか。

上野と浅草はこれだけ近い距離にあり、共に寺と門前町として発展した似た性質を持った場所です。ぜひ手を結んで、もっと有機的につながってほしいと思いますね。浅草のことまで口出しするなと怒られてしまいそうですが。


2025年に創建400周年を迎える寛永寺は、東京藝術大名誉教授でもある手塚雄二さん

が手がける天井画（縦6メートル、横12メートル）が本堂に奉納される。約2年半かけて制作された本作は「叡嶽双龍《えいがくそうりゅう》」と名付けられ、2匹の龍が人々を救うために天から降りた場面が描かれている。これからの上野を見守り続けていく新しい龍は、2025年10月に行われる400周年記念法要の前に目が入るという。

江戸時代に歴史が始まった上野は、明治・大正・昭和・平成と時を刻みながら、多くの人が集まる場所であり続けてきました。寛永寺を創建した天海さんの構想は、この地に人々の慰めとなる名所を作り出すことでした。ですから、今の上野公園の賑わいをご覧になったら喜ばれるのではないかと思いますよ。

第2章

地形がすごい

皆川典久
東京スリバチ学会会長

1914（大正３）年６月撮影。同年３月20日から７月31日まで上野で開催された大正博覧会では不忍池を渡るロープウエイが人目を引いたが、時々立ち往生もした。毎日新聞社提供。

背中合わせの丘と谷

山あり谷あり水辺ありと、起伏に富んだ凸凹《でこぼこ》地形が大きな特徴の上野・谷根千（谷中・根津・千駄木）エリア。その地形やまちの成り立ちをさらに詳しく知りたいと、次は日本一高名な「地形マニア」に助っ人をお願いした。2023年に設立20周年を迎えた「東京スリバチ学会」の皆川典久会長だ。

一級建築士の皆川会長は、「東京の魅力は、凸凹地形とスリバチにある」と考え、2003年に東京スリバチ学会を有志と共に結成。まち歩きの会を毎月開催して、都内のすり鉢状の窪地や谷、坂、水辺を歩き回り、まちの基礎となる地形を観察・記録して、知られざる地域の歴史に光を当ててきた。地形を読む面白さを伝える著述や講演活動も行い、テレビやラジオ、雑誌にもしばしば登場して、近年高まる「地形ブーム」を牽引している。

当日の待ち合わせ場所は、上野公園の中心にある竹の台広場（噴水広場）。「ここから根津方面へ歩いていきましょうか」と皆川会長。ちょっとディープな地形探索へ、いざ。

上野・谷中界隈は、どんなところが一番の魅力かと聞かれたら、僕は「歩く楽しさ」だと答えますね。目的地なんて決めなくていい。足が向くまま、ぶらぶら歩いて、気になる場所があれば立ち寄ったり、じっくりと観察したり。上野・谷中界隈は、地形的にも東京の縮図のような場所なんですよ。

僕は前橋出身なので、上京する時は高崎線に乗って最初に着くのが上野駅でした。上野に親戚がいたので、たまに遊びに来ていたんですが、上野駅は人が多くてごちゃごちゃして、子供の頃は田舎者は来ちゃいけない所のようで、少し怖かった記憶があります。上野公園に行っても、西郷（隆盛）さんの銅像と一緒に写真を撮った記憶があるくらいで、地形の面白さに気づいたのは就職のため上京して都内を歩き回るようになってからですね。

地形に興味を持ったきっかけは、通勤路でした。就職して現在も勤務する建設会社は赤坂に本社があるんですが、ある時ふと2駅手前で下車して、オフィスまで歩いてみたんです。すると、都心なのに坂道が多くて、赤坂一帯の地形が非常に複雑だと気づきました。自分が働く会社のビルは谷底にあって、地元の人たちが「ねこ道」とよぶ川跡らしき路地もありました。

東京の地形は面白いなと思い、休日はあちこちを歩き回って探索するようになりました。すると至るところで坂が目につくし、谷間がところどころにあって、思えば渋谷、四谷、市ヶ谷《いちがや》、千駄ヶ谷《せんだがや》、幡ヶ谷《はたがや》など「谷」を地名に持つまちがたくさんあるわけです。

でも、当初は「東京って坂が多いですよね」と周囲に話しても「えっ、普通じゃないですか？　それがどうしたの⁇」とあまり関心を持ってもらえなくて（笑）。地形は普段目にする生活の一部ですから、東京出身の方にはかえってユニークさがわかりづらいのかもしれません。スリバチ学会を一緒に始めた石川初《はじめ》さん（ランドスケープ・アーキテクチュア研究者、慶應義塾大学環境情報学部教授）も京都出身ですし。

武蔵野台地と荒川低地にまたがる形で発展してきた江戸・東京。武蔵野台地は真っ平ではなく、スプーンでえぐり取ったような谷や窪地が点在し、それらは特に都心に多い。その独特の形状にちなみ「スリバチ」と命名し、観察と記録を目的に東京スリバチ学会は設立された。皆川会長によると、武蔵野台地のような平坦地とスリバチの組み合わせは西日本には少なく、関東・東北地方に多いそうだ。なお上野は、武蔵野台地の東端にあって、荒川低地との境界に位置している。

地形観点から見ると、上野の台地は都内の主要な丘（山）の一つです。起伏に応じ、ちょっと歩くだけで景色がガラッと変わります。たとえば、上野公園と谷中は距離的には近いのですが、土地に高低差があるので、まちのキャラクターも全然違います。

江戸のまちは大雑把に言うと、台地上は武家屋敷や神社、低地は町家や農地という地形に応じた土地利用がなされて、それは維新後の東京のまちにも継承されました。武士が住む台地と町人が住む低地では、それぞれ生活スタイルがまったく違いますから、培われたまち並みや文化は当然異なるわけです。

上野公園は、江戸初期に創建された寛永寺の名残があちこちにありますね。今歩いているさくら通りは、かつての参道に当たり、寛永寺の根本中堂は現在の噴水広場の位置にありました。明治以降、いろいろな建物が公園内に建ちましたけれど、寛永寺の堂宇の配置は意外と踏襲されているようです。上野の山に桜の木が植えられたのも、寛永寺を創建した天海大僧正が始まりです。寛永寺境内に立ち並んでいた伽藍は、幕末の上野戦争の時に大半が焼失しましたが、昔からの建造物が一部残っています。それが東照宮と清水観音堂等です。

今も息づく見立ての美

公園のメイン通りに当たるさくら通りを歩き、まず立ち寄ったのは江戸幕府の開祖の徳川家康を「東照大権現」として祀る上野東照宮。金色殿（社殿）と唐門、透塀《すきべい》は、第三代将軍家光が１６５１（慶安４）年に造営替えしたもの。度重なる地震や戦災を免れて、いずれも国の重要文化財に指定されている。金箔をふんだんに使い、岩絵の具で彩色を施した豪奢な装飾手法は日光東照宮と共通しており、将軍家の威光と財力を忍ばせる。

樹齢600年以上とされる御神木の大クスノキと、その横に近年建てられた「神府授与所」（中村拓志＆ＮＡＰ建築設計事務所）も目を引く。「神域の雰囲気が保たれた建物配置や屋根のフォルムが心地よいですね」と皆川会長。再びさくら通りを下り、次は清水観音堂へ。寛永寺を開いた天海大僧正が１６３１（寛永８）年に私費で建立した舞台造りのお堂だ。本尊として京都の清水寺から迎えた秘仏の千手観音像を祀り、２月の「初午法楽《はつうまほうらく》」の日に御開帳が行われる。

初めての方に東京のある地域をご案内する時は、高台と低平地をセットでお連れします。地形の高低差が体感できるし、まち並みの変化が面白い。上野はその格好の場所。高台にある清水観音堂から、低いところにある不忍池を一望できるので、地形を理解しやすいのです。

ちょっとマニアックな話ですけれど、上野台地にもスリバチ状な窪地が幾つかあって、その一つが上野動物園に利用されています。スリバチ状の地形を活《い》かして窪地を取り囲むように施設が配置されて、窪地の底にはちゃんと人工の川が流れているんです。（清水観音堂階段下の水流で足を止めて）井戸から水が湧き出てますね。武蔵野台地には湧水スポットが多く、そうした水が湧くところを中心に、スリバチ地形ができました。都立井の頭恩賜公園や有栖川宮《ありすがわのみや》記念公園、明治神宮内清正井《きよまさのいど》、新宿御苑など、湧水がつくったスリバチ状の地形になっています。

もしかすると、これは地下水を汲み上げているのかもしれませんね。上野にも地下水脈が残っていますから、今も井戸を掘ったら水が出るはずです。

ご存じのように、天海大僧正は京都の清水寺にちなんで清水観音堂を建立しました。上野の台地の斜面をうまく活かして、清水寺に倣った舞台造りにして、眼下に見える不忍池は琵琶湖に見立てました。不忍池には琵琶湖の竹生島・宝厳寺《ほうごんじ》になぞらえて人工島を築き、弁天堂を建てました。天海大僧正は、京都・近江の名所《などころ》を、ここ上野にミニチュア的に再現したんですね。

「見立て」は当時の流行でもあり、また東人《あずまびと》にとって、京都は憧れの地でした。天海大僧正は江戸全体に京都を模したグランドデザインを行いました。発想が非常に壮大ですよね。

清水観音堂に着くと、張り出した舞台の中ほどに順番待ちの行列が。さまざまな国の言語が飛び交い、名物「月の松」から見える風景を携帯電話で撮影している。枝がクルリと輪っか状に丸まった月の松は、江戸時代から広く知られ、歌川広重の浮世絵「名所江戸百景」にも描かれた。オリジナルの木は明治初期に台風被害で失われたが、２０１２年に復元されて観光客に人気の「映《ば》えスポット」になっている。

上野台地は最も高いところで標高約20メートル前後ですから、清水観音堂が建っているのはそれを少し切るくらいの標高でしょう。舞台に立つと不忍池が見渡せる清水観音堂は、いわば「絶景スポット」として配置されています。「月の松」の正面に立つと、輪の中央に軸線のように真っすぐな参道と弁天堂が見えて、天海さんの巧みなランドスケープデザインを見て取れます。

広重の浮世絵を見ると、オリジナルの月の松は舞台から少し離れた場所に立っていたようです。まち歩きをしていると、同じように枝が輪っか状になった樹木をたまに見かけます。台風などで一度折れた枝が回復する時、あのようにクルリと曲がることがあるのでしょう。現在の月の松は人工的に復元されたものですが、もともとは自然の産物だったんでしょうね。

不忍池と江戸の治水

清水坂と呼ばれる清水観音堂前の石段を下りて不忍池へ。上野公園の南端に位置する不忍池は、総面積10万3700平方メートルと東京ドーム2個分強の広さがあり、堤で「鵜の池」「ボート池」「蓮池」の三つに分けられている。夏になると一面に生い茂った蓮が美しい白い花を咲かせ、年間を通じて何種類もの渡り鳥や留鳥が池面に遊ぶ。都心で自然が楽しめる貴重なスポットだ。

江戸時代の切絵図を見ると、不忍池は今の楕円形でなくて、自然なオタマジャクシ状の形をしていたことがわかります。北側は今より広くて、そこに藍染川が注いでいました。明治時代に一部を埋め立てて競馬場を造ったり、その後も堤を築いて池を分けたりといった変遷を経て、現在の形になりました。水深は1メートル未満と浅く、戦時中は水田に転用された時期もあったそうです。

不忍池は、江戸時代から観光名所として春は花見、夏は蓮見などを楽しむ人で賑わい、明治以降は勧業博覧会の会場にもなりました。今ランナーの方が走っているほとりは何百年もの間、大勢の人がそぞろ歩いてきたのですね。戦後に埋め立て計画が持ち上がったこともありますが、地域住民の大規模な反対運動で中止され、自然豊かな水辺は保全されました。

では、そもそも不忍池はなぜできたかというと、縄文海進の名残だとする説が有力です。かつて、この付近は東京湾の入り江に当たり、海が入り込んでいました。それが縄文後期の寒冷化による海岸線の後退の際に、ここに海水が取り残されて池になったという見解が主流です。

ただ、不忍池は人工池だという説もあって、僕はそちらを支持しています。縄文海進の名残が、近世まで残るものなのか疑問があるからです。では、人工的に何のために作られたのか？　一つは農業用の灌漑施設《かんがいしせつ》とする説。けれども僕はある仮説を持っています。それは、不忍池は生活用水のためのダム湖であり、その水を利用した人たちこそ、中世の江戸の先住民だったのではないか、というものです。

ご存じのように海に面したまちは概して水事情が悪く、飲み水の確保は大きな課題でした。16世紀末に徳川家康が入府する前から「江戸」と呼ばれた地は、現在の神田や日本橋あたりだと自分は解釈していますが、その界隈を流れていた川は、本郷台地と上野台地の谷間に流れる藍染川と、本郷台地の反対側にある小石川（谷端川）です。先住民の集落

「江戸」が安定的に水を得るために、ダムをつくって藍染川をせき止めたのが不忍池ではないかと思います。江戸時代には、山王日枝神社下に「溜池」と呼ばれた人工湖があって、城南の人々の水需要を賄っていました。それと同じ役割だったのが不忍池であり、幕府の成立以前に存在していたというのが自分の仮説です（笑）。

天下人の豊臣秀吉に国替えを命じられ、徳川家康が江戸入りしたのは1590（天正18）年。当時の江戸の地形は、現在と大きく異なっていた。遠浅の海の「日比谷入江」が現在の大手町付近まで入り込み、低地には葦が生い茂る湿地帯が広がっていた。複雑に入り組んだ台地と谷の間を多くの川が流れ、大雨のたびに氾濫して住民を悩ませた。そうした問題を解決するため、家康は大規模な改造事業を何度も行った。

江戸時代初期の大事業のひとつが、江戸城下東を流れ、日比谷入江に注いでいた平川の付け替えです。江戸前島の付根を開削して、平川の流れを隅田川へ注ぐよう流路変更したのが現在の日本橋川、そのうえで日比谷入江の埋め立てを行いました。家康の命で埋め立てを行ったのは外様大名たちで、彼らの経済力を削ぐ目的もあったのでしょう。自ら埋め立てを行った土地に大名屋敷を構えさせた。その場所が現在の丸の内オフィス街に引き継がれます。

江戸初期は飲料水確保も大きな課題でしたから、前出の小石川を利用した「小石川上水」が開設されました。神田上水の原型とも言われますが、小石川上水に関する記録は残っていないため、その流域や規模はわかっていません。

その他にさまざまな治水事業や市街地拡張のための埋め立て工事が江戸時代を通じて行われました。現在の千代田区岩本町付近にあった「お玉が池」も埋め立てられた池の一つ。不忍池くらいの大きさがあったそうですが、江戸後期頃に神田山を削って埋め立てられ、社寺地や町人地となりました。

それを考えると、不忍池のように広い水面が都心に残っているのは貴重です。不忍池は、水面《みなも》と周囲の地面との差があまりないので親水性が高く、とても気持ちが良い空間になっています。治水的にも自然河川と違って大雨による浸水の心配は現在ほとんどありません。

上野にくると、文化施設が集まった高台のほうに目が向きがちです。でも、私は「陽の当らない谷間に、もっと光を」がモットーですから、こちらの谷底に佇んで、自分なりの視点や風景を見つけたいと思いながら歩いています。あ、カモメが飛んでる。海のほうから来たのかな。

高低差から読み取る歴史

不忍池の対岸から清水観音堂を振り返ると、遠くに墨田区の東京スカイツリー、池のほとりに立つオフィスビルやホテル、そして池の中に浮かぶ弁天堂が一望できる。日本の建設技術の粋を集めた高さ世界一のタワー、無機質で不揃いな現代のビル、伝統的な寺社建築の組み合わせが面白い。

いかにも現代の東京らしい風景です。東京のまちはカオスで景観に脈略がないとよく言われますけれど、この風景から歴史のレイヤーが読み取れます。そうした景観形成や歴史の重なりを読み解く手がかりの一つが地形、土地の高低差です。

寛永寺創建以前の上野台地には、築城の名手だった藤堂高虎の大名屋敷があり、足元の低地には職人や商人が暮らす町人地が広がっていました。江戸初期に上野の地を譲られた天海大僧正は、京都御所に対する比叡山延暦寺と同じ構図を再現し、江戸城を守護する鬼門の位置に東叡山寛永寺を創建しました。さらに敷地全体を京都・近江に見立てたんですね。まだ政情不安定な時代でしたから、京都のように江戸が末永く繁栄する祈りを込めたのではないでしょうか。

他の地になぞらえて、新しいものをつくる「見立て」は、非常に日本的な手法です。そのエッセンスが上野公園に詰まっているので、それをもっと広く知っていただきたい。文化の杜《もり》として知られる上野ですが、地形と歴史と日本人の美意識が重なった場所だということを。

それから広重の浮世絵を見ると、かつての清水観音堂は、今よりも見晴らしが良かったことがわかります。現在は周囲の樹木が育ち伸びた枝で視界が遮られてしまい、以前のような見通しが失われています。緑って自然に任せるだけでなく、適切な範囲で間引いたり枝葉を切ったりしたほうが、樹木の延命にも、景観的にもいい気がするのですが、いかがでしょうか。植物の生命力が強いのは降雨量が多い日本の特権、それを適正に維持管理してきたのも日本の文化なのですから。


上野公園の正式名称は「上野恩賜公園」。上野戦争後に寛永寺の境内地は官有地になり、1876（明治9）年の公園開園後に帝室御料地となった後、1924（大正13）年に大正天皇から東京市（都）に授けられたことに由来する。開園面積は約54ヘクタールで、23区内の公園で第7位の広さを誇る。年間約1400万人が来場する、東京で最も歴史がある都立公園の一つだ。

上野公園もそうですが、新宿御苑といい明治神宮といい、東京は都心にまとまった緑がありますね。地方都市と比べると、東京のまちの特徴の一つと言えるでしょう。江戸時代、台地上は広い敷地を持つ武家屋敷や徳川家に関係する寺社などに利用されました。東京大学本郷キャンパスがある本郷台地は、かつて加賀藩などの屋敷が並んでいました。1909（明治42）年に完成した迎賓館赤坂離宮は、紀州徳川家江戸屋敷の跡地に建てられました。そういうふうに江戸時代に武士階級に割り当てられた広大な敷地が、明治以降も細分化・宅地化されずにそのまま活かされたので、自然豊かな場所が東京中心部に残ったのでしょうね。

不忍池の横の不忍通りを北上し、谷中・根津方面へ向かう。右側は上野動物園の高い塀が続く。「近くの高層マンションに住む方の話だと、夜は時々ライオンなどの吠え声などが聞こえるとか。高いところは、かえって地上の音がよく聞こえますから」と皆川会長。動物園の塀が尽きるあたりまで歩き、横道を曲がって、一見何の変哲もない路地に入る。道幅は約2メートル未満と狭く、道の両側に住宅がずっと立ち並んでいる。

この道は、藍染川の川跡です。かつては清流が流れていて、名前の由来になった「藍染め」の工程で川の水が使われていましたが、昭和初期に蓋がされて暗渠になりました。ここは比較的直線ですが、もう少し先へ行くと、くねくねと曲がりくねった「へび道」になり、三崎坂を横切ると下町情緒で知られる谷中銀座に隣接する「よみせ通り商店街」につながっています。

この道は区境でもあって、東側は台東区、西側は文京区です。町名で言うと、台東区側は池之端と谷中、文京区側は根津と千駄木になります。まさに「谷根千」を貫く道と言えます。

東京はあちこちに川跡（暗渠）があって、知らずに歩いても何となくわかるんですよね。地形的には谷底ですし、マンホールが並んでいたりします。この藍染川の川跡は、不忍池側から谷中の商店街まで大体2・5キロくらいで、ゆっくり歩いても1時間程度ですから、土地の記憶を辿りながら散策するのも興味深いと思いますよ。

谷中界隈はもともと住宅地ですが、最近は古い家屋をリノベーションした飲食店や店舗が増えています。どれも個性的で面白いお店ばかりです。今後地価が上がると、それに伴って家賃が値上がりし経営が圧迫されますから、個人経営の店はそれがちょっと心配ですね。

突き当たった言問通りを横断し、再び藍染川の川跡が辿れる路地へ。建物密集地から一転して谷中側は緑が多くなり、寺社の建物の瓦屋根があちこちに現れる。

これは上野台地へ上がっていく三浦坂です。道の両側は塀が続いて、上った周囲はお寺ばかりです。上野台地側のなだらかな斜面には、そうした寺と寺の間を抜ける道が所々に残っていて、寺町ならではの風情を醸し出しています。

今、前を通った禅寺は、まるで山寺みたいな趣がありましたね。ここを歩いていると、東京にいることを忘れそうになります。道路から垣間見えた庭園も綺麗でした。

京都は寺院に付属する庭の多くが観光スポットになっています。思うのですが、谷中のお寺も、庭園の公開や宿泊客の受け入れを行ってはどうでしょうか。有料でも庭園を拝見したい人は絶対いると思いますし、お寺に滞在して伝統文化に浸りたい外国人観光客も多そうです。実現できれば、オーバーツーリズム対策にもなります。収益は庭園の維持費や環境美化に還元する仕組みを作れば、このエリアならではのユニークな取り組みになりそうです。都内には素晴らしい庭園を持った寺院がたくさんありますが、泉岳寺や東禅寺などは庭園には入れません。上野の寺町がその先駆けになれたらいいなと思います。この先の道を曲がると、上野台地のヘリが目視できる場所があるんですよ。行ってみましょうか。

三浦坂の一本北側の道を上っていくと突き当りに小さな鳥居が。台地の斜面に祀られた真島稲荷神社だ。神社の背後は崖のように切り立っていて、足元との高低差は一目瞭然。その上の鬱蒼と樹木が茂った高台は、美作国《みまさか》（岡山県）勝山藩下屋敷の元敷地で、現在は大名時計博物館が建っている。

ここに立つと藍染川へ向かって土地が下がっているのが実感できますね。二次元の地図から得にくい感覚だけど、台地の上は武家地、それより下がった土地に町家が立ち並んでいた江戸時代のまち構造がよくわかります。この周辺は、古い木造家屋が結構残っていて、伝統的な商家建築の出桁《だしげた》造りの建物もあります。

あ、雨がパラついてきましたね。僕は「雨男」とみんなにからかわれるのですが、スリバチ歩きの時はよく降られるんですよ。でも雨が降ると、雨水の流れで地面の勾配がいっそうよくわかるし、雨の日ならではの風情が楽しめますからいいですよ、雨の日は（笑）。

町割りに残る江戸の残像

来た道を戻り、今度は不忍通りを渡って、根津神社を目指した。緩やかな坂道の両側に伸びる路地を拝見すると、古い木造住宅が軒を並べ、道端に植木鉢が並び、その間を猫がすり抜けていく。戦前の日本にタイムスリップしたような、懐かしい下町情緒が漂っている。

根津の地名は、津（海）の根っこという意味です。このあたりは、かつて海が入り込んでいたからでしょう。谷中は文字通り谷の中を指し、千駄木のように「木」が付く地名は高台に多く見られて、六本木や代々木・羽根木などがいい例です。

古代の日本武尊《やまとたけるのみこと》が創祀したとされる根津神社は、かつて千駄木の団子坂上にありました。五代将軍の徳川綱吉が甥に当たる甲府藩主の綱豊（六代家宣）を世嗣と定め、綱豊は江戸城に入る際に屋敷地を根津神社に献納したため、この地に引越したのです。現在の根津神社は、大名屋敷の跡地に造営されたので神社としてはめずらしい立地なのです。

谷根千は、関東大震災や戦災による被害が少なかったので古いまち並みが残りました。

根津神社も1706（宝永3）年に完成した本殿や拝殿、唐門などが現存しており、国の重要文化財に指定されています。近年は春に公開される「つつじ苑」でも有名ですが、無数のツツジの木が植わり、高低差や池がある庭園は、江戸時代の大名屋敷の面影を感じさせます。

将軍家の威光をバックにした根津神社は江戸名所となり、参拝や遊びに訪れる町人や武士を当て込んだ岡場所（非公認遊郭）が門前にできました。先ほど通った建物の外壁に、根津遊郭の由来を記したプレートが掲げられていましたね。それによると1882（明治15）年時点で、日本最大の遊郭の吉原に娼妓1019人がいたのに対して根津は688人いたそうですから、歓楽地としても繁栄していたことがうかがえます。数年後に近くの本郷に帝国大学（現在の東京大学）が開設されると、廃止論が巻き起こり、根津遊郭は1887（明治20）年に廃止されました。

こうしてみると、上野から根津にかけては、「江戸」の要素がかなり残っているとわかります。根津神社は外国人の観光客の方が多く、神社周辺で路地や古い建物の写真を撮っている人もたくさんいます。特定の場所へ急ぐ観光客は少なくて、歴史が感じられるまち並みをゆっくりと歩き、ご飯を食べたり、買い物したりといった日常体験を楽しんでいる人が多いようです。ただ、オーバーツーリズムが地域住民の生活に悪影響を及ぼしているという声も耳にしますから、課題解決へ向けた早期の取り組みが必要だと思います。

雨が本降りになったため喫茶店に避難し、続けて皆川会長の話をうかがう。席に落ち着くと同行者が持参した地図帳に目が留まった。皆川会長が監修した『東京23区凸凹地図』(昭文社、2020年)。1万分の1縮尺で土地の高低差がリアルに表現され、古道や暗渠、坂道、階段の位置も記されている。起伏に富んだ東京のまち歩きを楽しむにはもってこいの一冊だ。

今日実際に歩いて、上野から谷根千にかけて地形が凸凹していて、その土地の高低差によりそれぞれのまちの表情が全然違うと実感していただけたのではないでしょうか。これは、東京のまちの特徴でもあります。つまり江戸以来の、土地の高低差を基にした町割り(都市計画)がそれぞれのまちの個性を育み、それがパッチワーク状に都内全域に広がっている。地形自体が複雑なので、隣り合ったまちでもまったくカルチャーが違う現象が起こりました。そうして培われたまちの多様性が、東京の個性であり、面白さだと私は思います。

上野・谷根千エリアは、文化が違うまち同士が距離的に近いうえに、地震や戦災、再開発の影響を他の地域に比べて受けていません。東京のまち特有の面白さと、歴史的文化財や豊かな自然を含めて詰まっているのが、このエリアの大きな魅力です。

つぶさに観察しながら歩くと、高台の本郷と谷中、谷中と上野をつなぐ道は意外に数が少ないんです。なぜかと言えば、江戸時代の町割りがそうだったから、日常的な接点があまりなかったんでしょうね、丘と谷の住民同士は。物理的に近いけれど、意識的に距離がある。上野と谷中のように、異なる文化が地形に呼応するよう隣り合っている様子は、とても東京らしいと言えます。

そんな東京ならではのまちの面白さを、観光で訪れる方にもうまく伝えていきたいですね。観光客、特に海外からの方の多くは、開発された新しいものを見に来るのではなく、その土地固有の伝統や個性に触れたいと思い訪れるわけですから。また地元の方の多くは、実は住む地域について意外に知らなかったりします。よその地域をじっくり歩いてみて、かえって自分のまちのキャラクターや面白さに気づくことってありますよね。

歴史を守る手がかりが地形

歴史・文化・人々の営みが連綿とつながり、天災や戦争の危機を乗り越え存続発展してきた上野と谷根千。その特性を保ちながら、エリア全体が魅力を増すには何が必要だろうか。建設会社の設計部門に所属して都市開発の現場にも携わることがある皆川会長に尋ねた。

このエリアに限らず、歴史的文脈を大切にすることで東京の個性がさらに高まり、世界で唯一無二の都市として世界中から観光客を引き寄せ続けられると考えています。それには、ただ歴史を守ればいいわけではありません。保存・継承と経済性のバランスをいかにとるか、行政と住民、企業、都市計画などの専門家が知恵を絞るべき局面にきていると思います。守るべきところは守り、必要があれば再生も視野に入れる。まずは方向性やルールを議論し、社会全体で共有することが必要ではないでしょうか。

そのための手がかりになるのが地形だと思っています。多彩なまちの集合体でもある東京、そのまちごとに個性がありますから、画一的なまちづくりや開発を行うと、東京らしさはどんどん失われることになります。たとえば、駅周辺の古くから栄えていた商店街や歴史的な住宅地を高層ビルやタワーマンションとセットで根こそぎ開発する、そうした一律的な方法は適切ではないと考えています。きちんと土地の文脈を読み、地形が育んだ歴史や文化も理解して、その延長線上でまちづくりや再開発は慎重に行ってほしい。東京は土地の高低差によるトラディショナルなゾーニングが成されていたのですから、それを活かして、さらにまちの個性を伸ばしていく方向性と手法を模索すべきだと思います。従来型の都市計画では、土地の高低差は考慮されません。二次元の情報のみで地図上に線を引き、重要な背景である「土地の高低差」の視点が欠けています。その結果、個性が失われたまちが全国的に増殖《ぞうしょく》し、放っておくと東京もそうなってしまいます。

ここは発想を転換して、高低差や地形を活かした先駆的なまちづくりを上野と谷根千で実践し、「上野モデル」として、全国に向けて発信してはどうでしょうか。隈研吾さんが作成した地域のグランドデザインは、そのための大きな一歩になると思いますし、僕ら東京スリバチ学会も具体的なアイディアを幾つか考えてみました。

ここで、東京スリバチ学会による主な提案をかいつまんでご紹介しよう

○藍染川せせらぎ緑道の整備（現在は暗渠の藍染川の水流を一部復活〔復元〕し、消防水利としても利用可能にして地域の防災機能向上を図る）

○支援ファンド運用による「歩いて楽しいまち」の演出（運用益は、ファンド開設協力者の名前を刻んだレンガ舗装の遊歩道やまち角のベンチ設置に利用）

○谷根千シティツアーの創設（まちの記憶を伝える特別ツアーの実施、合わせて地元の方々

を巻き込んだツアーガイドの養成）
○レジェンド・リノベーションの活動促進（既存の建物に魅力付けの実装手法が学べるワークショップを開催、住民とプロの建築家が協働するタスクフォースチームの設置）
○土地の高低差を加味した都市政策への誘導（地区計画によるゾーニング制度の柔軟な運用）

最後の「土地の高低差を加味した都市政策」について、ちょっと説明します。昔ながらの谷根千のまち並みは、これからもぜひ残ってほしいと思う方は非常に多いでしょう。ただ現実的にはさまざまな課題があり、特に相続税や固定資産税の問題は非常に大きいと思います。

実際、地価高騰に伴う高い相続税を払うために親から受け継いだ家を泣く泣く手放し、更地になるケースがあるそうです。こうした税制問題は個人では解決できませんから、いろいろな方面から声を上げて、制度的な取り組みが行われるように施策を誘導していくことが重要になります。

美術品の場合は、それに係る相続税の納税猶予制度ができました。背景には、観光立国を目指す日本にとって美術品は重要なコンテンツだという認識があったからだそうです。

谷根千も日本ならではのまち並みが、大勢の人を引き寄せて観光振興に貢献していますから、納税猶予制度が作られてもいいのではないでしょうか。

もう一つ可能性があると私が考えているのは、建物の容積の付け替えをエリア内で融通が利くよう制度を運用することです。一般的に「空中権」と呼ばれるものですね。未使用分の容積を、他の離れた土地に転移して利用できる「特例容積率適用地区」という制度があります。都心部の高度利用を図る目的で作られた制度なので、これまでは丸の内や大手町、有楽町といったビジネス街に適用されました。それを、もう少し弾力的で柔軟な運用を可能にしては、という提案です。「文化創造特別地区」みたいにです。

たとえば、谷中で敷地と古い木造家屋を相続した方が、親から受け継いだ家に住みたいけれど、高い相続税に悩んでいらっしゃるとします。ジレンマを解消する手立てとして、未使用の容積を上野駅周辺でビル建設を予定する事業者に売却できるようにすれば、代金を相続税の支払いや家屋の維持管理費に充てることができます。

一方、道路が比較的広く、商業地区の上野駅周辺は、より高層建築が可能になって、商業施設や国内外の企業、高級ホテルが進出しやすくなります。まちの特性に応じた都市政策を行うことで、江戸由来の谷根千のまち並みは継承され、上野駅周辺の経済効果は高まります。地域ごとの用途と景観にメリハリができ、エリア全体に新たな価値が生まれると思います。

上野駅周辺に高層ビルを建てるなら、東京ならではの個性もほしいところです。一案ですが、最新技術を用いた木造ビルの建設推進などを想定してはどうでしょうか。木造建築は、鉄筋コンクリート造に比べ地震の揺れに弱いと思われがちですが、決してそうではありません。

近年、世界的に木造建築が注目されて各国で技術開発が競われていて、日本は遅れを取っていますが、ぜひ上野の地で挽回してほしいです。防火・耐火の技術的メニューも近年多く開発されていますし。

また、木造家屋が多い谷根千エリアは、延焼防止など防災性の向上が大きな課題です。これに関しても、先人の知恵や伝統工法が、さまざまなアイディアを授けてくれます。たとえば、「卯建《うだつ》」という言葉を聞いたことがありますよね？　土壁の防火壁を指し、火事が起きた際に隣家への延焼を防止するためにまち全体でルール化したものです。最新の不燃技術を使って21世紀のウダツシステムを開発し、木造住宅が密集した地域に適用できれば一定の効果はあるのではないでしょうか。

もう少し広域で防災面を考えると、私が気になるのはＪＲの線路を挟んだ上野公園の北東側、住所でいえば根岸・下谷付近。地形図で見ると、上野台地の端が不自然な崖状になっていることがわかります。これは鉄道を敷設した際、台地の一部を削り取ったためです。その際、かつてあった坂道も失われました。災害時の避難場所に指定されている上野公園へ、線路の北東側から直接行ける陸橋は2カ所ほどしかなく、大地震や火災、洪水が起きた時に逃げ場を失う人が出るのではないかと危惧しています。

そうした事態を防ぐために、現在の線路の上に新たな坂道、あるいは人工地盤を整備することを模索してもよいと思います。近代化の中で削ってしまった上野台地の丘を復活させて、上野公園側と反対側のエリアが緩やかにつながる場所を作るわけですね。つながりの場所が災害時の避難場所になり、さらに防災やコミュニティのために必要とされる施設の受け皿にもなりますので一石二鳥ではないでしょうか。

ついでに、もうひとつ個人的妄想を（笑）。上野の丘を避難場所と位置付けるなら、根岸や下谷の下町からも「丘」の存在を示すシンボルがあるべきと考えます。シンボルは下町からも見える高い塔のような存在がわかりやすいのですが、たとえば焼失してしまった天王寺の五重塔を復活させるなんてどうでしょうか？

これは建築構造家の武藤清氏の逸話ですが、関東大震災の後に、ほとんどの建物が倒壊した東京を歩いた際、目に留まったのが変わらずに立つ上野東照宮の五重塔だったといいます。五重塔は釘を使わず木組みでできた構造物、ゆえに地震の力を柔軟に吸収することで倒壊を免れたと分析し、それをヒントに確立したのが「柔構造理論」です。その理論によって武藤氏の設計で実現したのが、日本で最初の超高層ビル「霞が関ビル」なのです。

低地と台地をつなぐ新しい坂道の先に、防災のシンボルである五重塔が凛《りん》として立つ姿を自分は妄想しているのです（笑）。

「まち歩きの目線でリアルな「東京」を知っているのがスリバチ学会だと思います」。そう語る皆川会長は、見過ごしがちな「まちのお宝」を誰よりも知っているのかもしれない。身近な環境に目を向けて地元愛を育み、歴史や先人の営みにも思いを馳せて、積極的に活かしていきたい思いをこの言葉に込めている。

上野・谷根千エリアには、どの地域にも負けない「お宝」がたくさんあります。ぜひ多くの人がその魅力を再発見し、課題解決のために皆で知恵を出し合って、東京のみならず、日本にとってかけがえのない宝物のような場所であり続けてほしいと願っています。

第3章 まちがすごい

國學院大學観光まちづくり学部教授
椎原晶子
東京商工会議所副会頭
野本弘文

谷中町の入口に立つカヤバ珈琲は地域のシンボル的存在。一度閉店したが、NPO法人「たいとう歴史都市研究会」のコーディネートで2009年に再生オープンした。

1　住民が守り伝える谷根千のまち並み

椎原晶子

江戸以来の生活文化が息づくまち

上野は、観光のまち、買い物のまちというイメージが強い。が、忘れてはならないのが「生活の場」としての上野である。注目すべきは上野台地の北部にある、谷根千＝谷中・根津・千駄木だ。第二次世界大戦の空襲を免れた場所も多く、戦前からのまち並みや暮らしが保全されてきた谷根千は、１９８０年代以降、東京の下町の「お手本」として注目を浴び続けている。國學院大學教授の椎原晶子さんは、東京藝術大学の学生時代から大学の北部に広がる谷根千のまち並みの保全に関わり、まちの人たちと共に景観とまちの保全を担ってきた。そして今、谷根千は、オーバーツーリズムが心配されるほど、内外の観光客で溢れている。昔ながらのまちを維持しながら、国際文化交流の機会をつくり、生活の場として未来につなぐ。谷根千の取り組みを、椎原さんに聞く。

谷中・根津・千駄木（通称：谷根千）のまちに私が出会ってから40年近くたちます。その間に実感したのは、この地には昔ながらの懐かしさを感じさせるまち並みが残っているだけでなく、江戸以来の町場の人々の生活文化が息づいていることです。歴史ある社寺や旧跡、伝統的な下町型の住宅、何代も続く老舗など、東京が誇れる文化資源がたくさんあり、多くの方の尽力により守られてきました。

しかし近年、個人の力ではいかんともしがたい再開発の波が谷根千にも及び、まちの景観や生業《なりわい》、住まい手がじわじわと変わりつつあります。木造の古民家が取り壊されてビルやマンションが増えるいっぽう、国内外から訪れる観光客の方が多くなりました。魅力あるまち並みとそこに根差す暮らしを守り、活力を保ちながら未来へ継承していくために、総合的な制度や仕組みが今こそ必要です。

神奈川県鎌倉市に生まれ三浦市で育った椎原さんは、1982年に上野公園にある東京藝術大学美術学部に入学した。バブル前夜の時代。芸術学を学びながら、自分の将来を考えていた椎原さんが出会ったのが大学から近い谷根千のまちだった。

初めて谷中を訪れたのは東京藝大在学中の1985年頃、大学の先輩に「お花見をしよう」と連れて行かれた先が谷中霊園でした。墓地で桜を見る発想にまずびっくりして。今では谷中霊園は桜の名所として有名でシーズン中は多くの人が訪れますが、その頃は花見をしているのは東京藝大の酔狂な学生くらいでした。

上野の藝大から谷中への道を歩いて行くと年代物の木造家屋が立ち並んでいました。現在は台東区立下町風俗資料館付設展示場として移築展示されている、伝統的な商家建築の吉田屋酒店も現役で営業されていて、店内で買い物し、静まり返った天王寺の参道の両側に咲き誇る桜のトンネルを通り、見上げると、江戸の昔にタイムスリップしたようでした。

それまで谷根千のことは全然知りませんでした。美術館、博物館、動物園が集まった近代文化ゾーンの上野公園の近くに、こんな時代劇のようなまちがあるなんてとても不思議でした。その日に見た桜の美しさと相まって夢うつつの心地になりました。

私が育ったのは三浦市初声町《はっせまち》の高円坊というところです。横須賀市との境界にある高円坊は、川が流れる谷戸の低地に水田、台地上に野菜畑が広がって、相模湾と江ノ島が見渡せます。その向こうには富士山がドーンとそびえ、銭湯の壁画に描かれた絵のような風景が見られます。まさに「世界平和ここにあり」という感じの、広々とした平穏な場所です。

そうした土地柄ですから、子供時代は遊びに行く範囲も広くて、3キロ四方くらいが日常的な活動エリアでした。時には1日がかりで海岸まで往復したり、自転車で畑の中の道を行ける所まで走って戻って来たり。町単位と言いますか、自宅の敷地でなく、もっと広い範囲が自分を守ってくれている気がしました。私が育ったのは普通の一軒家で、周囲の土地はすべて農家さんが所有されていることはわきまえていたんですけれど、見渡す限り緑の畑と空と海の調和の取れた世界が自分の生活圏であることは幸せでした。

上野には、音楽や美術が好きな両親に連れられて子供の頃からよく来ていました。京浜急行に乗って品川で山手線に乗り換え、やがて車窓に上野の山が見えるとワクワクしました。美術館で本物のアート作品に出合える上野公園は、物心ついた頃から絵を描くことが好きだった私の憧れの場所でした。東京藝大に合格して、最初、本当に自分が入ってよいのか戸惑いましたが、毎日芸術にとりくめるのは嬉しかったですね。

学部生の時は、ものを作りたい気持ちはあったものの、当初はどの分野か分からず、演劇を見たり本を読んだりして、進む方向性を模索していました。そんな時期に、たまたま花見で訪れたのが谷中だったんですね。風情がある谷根千のまち並みに惹《ひ》かれて、ランドスケープやまちづくりへと関心が向き、大学院では環境造形デザインを専攻しました。建築にも関心がありましたが、広々とした高円坊で育った経験からか、個々の敷地に建物を考えるよりも、まち全体で温かい調和のある地域に学びたい気持ちがありました。

台東区のまちには、元々親しみを感じていました。母は父と結婚するまで浅草に住み、実家は商家でしたから、よく懐かしそうに下町の暮らしについて話していました。映画館が近くだから下駄ばきで映画を見に行けた、と聞くと畑の中で育った自分には別世界のようでした。幼い頃から母に色々と聞かされていましたから、台東区が自分のふるさとみたいな気はしていたんです。

「住んでこそ分かる」谷中

東京藝大大学院に進学した椎原さんは、ひとりの泰斗に出会う。建築史が専門の前野まさる教授（現・東京藝大名誉教授）。歴史的建造物やまち並み保存のための調査や運動への取り組みで知られる前野氏は、旧東京音楽学校（東京藝大音楽学部の前身）の奏楽堂や東京駅赤レンガ駅舎など数々の建物の保存に尽力した。

大学院進学後は、将来ランドスケープデザインの道に進みたいと考え、デザイン科の稲次先生、望月先生のもとで造園やまちの造成を中心に学びました。都市郊外に戦後開発されたニュータウンに注目し、多摩ニュータウンや金沢シーサイドタウンを見学したり、歩行者優先道路が採用された団地を調査したりもしました。歴史的建築の保存活動に取り組まれる前野先生の研究室は、建築科だけでなく他科の学生たちも集まる溜まり場みたいになっていて、デザイン専攻の私も出入りしていました。１９８６年に前野先生が事務局長を務め、まちの人々と藝大生らが共同研究を行う「上野桜木・谷中・根津・千駄木の親しまれる環境調査」が始まり、私も参加させていただきました。トヨタ財団の助成を受け88年まで実施した環境調査は、地域の良い点を住民の方に聞くアンケート・ヒアリング調査や古い建物の実測、子供の遊び場調査などさまざまな自主研究を行って、折々に報告会を開いて発表しました。

その頃の谷根千エリアは、まだ観光地的に注目される前で、お年寄りが店番したり、職人さんが店先でコツコツとものを作ったりする風景があちこちで見られました。地域の歴史や下町情緒に惹かれて訪れる人はいましたが、まだ観光客は少なくて、都会のエアポケットのようなのんびりした雰囲気がありました。

上野・谷根千の環境調査には、さまざまな分野の専門家が参加していました。寛永寺の浦井正明先生（現・貫首）には地域の歴史を、環境教育が専門の小川潔先生（現東京学芸大学名誉教授）には上野の自然について教わりました。彰義隊隊士の子孫の小川先生は上野公園にある彰義隊の墓守としても有名な方で、浦井先生は上野の歴史を長年研究される歴史学者でもいらっしゃいます。前野先生には「住まう人に学び、まちに還す」というまちづくりの基本姿勢を学ばせていただきました。まちの古老や住民の方々と知り合い、色々なことを教えていただけたのもありがたかったです。寿司店「谷中　すし乃池」を営む野池幸三さんは、「谷中菊まつり」（1984年〜）や「谷中圓朝《えんちょう》まつり」（85年〜）の立ち上げに尽力されるなど、地域の振興に長年貢献されています。日本橋の寿司店で修業して1965年に自分の店を谷中に開いた野池さんは、寿司店の大将として活躍しながら、連合町会会長などさまざまな役職も務め、谷中のまちづくりを牽引してこられました。

野池さんはよく「まちが元気でないと店も自分たちも生きていけない」と言われます。だからまちづくりは、花に水をやるように住人が毎日自然に行うべきで、行政や企業に任せるものではないと。ご自身は早朝に魚河岸に行き鮨ネタの仕込みを終えたら、午後の空き時間を使って新開店した若い人の店を応援したり、祭りの準備をしたりと、いつも地域のために動いてこられました。本当に素晴らしい方で頭が下がりっぱなしです。

東京藝大の環境調査で、私は地域雑誌『谷根千』の編集部の方と一緒に路地を調査したり、建築専攻の先輩が古民家を実測する作業を手伝ったりしました。当時はバブルの時代で、華やかな装いの人が多かったのですが、私たちはツナギの作業着を着てしょっちゅう床下に潜っていました（笑）。でもさまざまな発見と学びが楽しくて全く苦にならず、「谷根千の良さは住んでこそ分かる」とお聞きして私も谷中に移り住みました。

寺町と町屋の歴史

1984年、地域の女性3人（森まゆみ、山﨑範子、仰木ひろみの各氏）が創刊した地域雑誌『谷中・根津・千駄木（谷根千）』。2009年まで四半世紀にわたり季刊で発行された同誌は、知られざるまちの歴史や固有の生活文化を掘り起こして発信し、多くの読者に愛された。外から訪れるファンや観光客が次第に増え、「谷根千」は古き良き日本を感じられる界隈として急速に名が知られていく。その雑誌『谷根千』と共に、東京藝大の教員・学生と住民が協働した環境調査も、地域の価値の再発見に大きな役割を果たした。我がまちに対する理解と愛着の深まりは、やがて歴史的景観や建物の保全・再生を目指すまちづくりの動きへとつながっていく。ここではいったん時計の針を巻き戻し、椎原さんがまちづくりに関わる谷中を中心に、地域の歴史をざっくりと教えていただこう。

中世期の上野・谷中の丘一帯は、「忍ケ岡《しのぶがおか》」と呼ばれ、地元の豪族や武者たちが侵入者を見張る守りの要所でした。西日暮里には、最初に江戸城を作った武将・太田道灌《どうかん》の名前を冠した「道灌山」という高台があり、彼が築いた出城《でじろ》跡とも言われます。この地はまた、亡くなった人を偲んで祈る場所でもあったと考えられています。

徳川家康が開いた江戸のまちは、身分による棲み分けがされたのが大きな特徴でした。たとえば丸の内・大手町一帯は大名屋敷が並ぶ武家町、日本橋・神田は商工業者などが住む町人地が開かれました。上野の台地には、第二代将軍秀忠が土地を寄進して天海僧正により江戸幕府の祈禱所として寛永寺が創建されました。

江戸初期の谷中は、近くの上野に寛永寺はあったものの、森が多い寂しい場所でした。江戸前期に過密化した神田一帯から押し出されるように寺院が次々と谷中に移転し、明暦の大火（1657年）後はさらに多くの寺院が移ってきて寺町が形成されました。

谷中の寺町には門前町ができ、境内地の一部は町人に貸与されて町屋が開かれ、石屋や畳屋など寺院に関連した生業を営む職人が多く暮らすようになりました。彫金や鋳金、象牙細工などさまざまな技術を持つ職人が、町家や長屋に住まいながら仕事をして、製品を寺院や上野・浅草・日本橋や神田の店に納めていました。つまり江戸中心地から少し離れた製造地、ものづくりのまちでもありました。

水田や畑もあった谷中や根津・千駄木が近代のまちになったのは、近代産業が急速に発展した明治・大正期です。地方からの移住者が住む受け皿になり、染物やリボン、ガラス器など当時最新の製品を作る工場が次々とできました。このエリアに製造業者が着目したのは、都心に比べてまだ地価が安くて、人口過密でなく、必要な水が入手できる川があったのが理由だと考えられます。藍染川は、染め物に不可欠な綺麗な水が流れていたため、藍染生産者が周辺に集まりました。根津にある「丁子屋《ちょうじや》」さんは、1895（明治28）年に神田紺屋町で創業し、藍染めを行う工房を現在のお店の場所に開設されました。今はこの場で染め物はされていませんけれど、手ぬぐいや染小物を扱っている老舗として人気を博してきました（現在休業中）。

近代の谷中と根津は、最先端工場地になっただけでなく、文化的にはハイカラな面もありました。たとえば日本の美容師の草分けとされる山野愛子さんが、最初に美容を学ばれたのは根津でした。江戸以来の寺町と下町の骨格が残るいっぽう、新しいことを始める人が集まってくる、今で言うベンチャータウンのような性質がある界隈だったと言えます。

1923（大正12）年に起きた関東大震災と第二次世界大戦中の米軍による空襲は、東京のまちに大きな傷跡を残した。谷根千は戦災による被害が少なかったため、戦前からのまち並みが残ったとされる。だが椎原さんによると、それは両災害を免れただけでなくさまざまな要因が重なっていたという。

幕末期、江戸城は新政府軍に無血で明け渡され、上野の山は彰義隊の戦いで寺院のお堂などが焼かれましたが、江戸のまちは破壊されませんでした。明治維新後、薩摩・長州藩出身者を中心とする官僚たちは首都・東京を作り始めたわけですが、ゼロから構築するのは大変ですから、都市の構成や社会の仕組みの一部は江戸時代から引き継いで明治の世は始まりました。

一方、江戸から明治に入り、東京の土地の所有者には大変動が起きました。江戸幕府の所領やかつての大名屋敷地の多くは、新興の実業家に買い取られて屋敷町になったり、役所や学校の建設用地に充てられたりしました。江戸のまちの骨格をなぞるように、新しい東京は形作られていったのです。

谷中での例を挙げると、三浦坂の一本北側に「あかじ坂」という直線的で幅が広めの道路があります。上ったところに、かつて美作国勝山藩（岡山県真庭市勝山）の下屋敷がありました。明治期に新興財閥の渡邊治右衛門が一帯の土地を買い取り、自邸を建てました。1916（大正5）年に不忍通りに路面電車が通った際、そこまで馬車で下りて行けるように新しく開かれた道がこの坂です。渡邊家は銀行を経営していましたが、1927（昭和2）年の昭和金融恐慌の時に倒産してしまい、地元の人たちが「赤字」の皮肉を込めて坂をそう呼ぶようになったとも言われます。その銀行に預金して、貴重な財産をなくした方がかなりいらしたようです。

戦後、その土地の一角は陶芸家の上口愚朗《かみぐちぐろう》さんが購入しました。谷中生まれの上口さんは高級仕立服店を開いて財を成した後、陶芸の道に進み独創的な茶碗で有名になりました。稀代の趣味人だった上口さんは、大名お抱えの時計師が作った大名時計のコレクションにも打ち込み、収集品を保管・展示するために1974年に開設されたのが大名時計博物館です。当地を訪れると、鬱蒼とした木々に囲まれて大名時計博物館の建物が現れます。敷地に江戸以来の斜面緑地や森がたっぷりと残っているんですね。同博物館は上口さんが生前に設立した財団法人が運営し、館内では櫓《やぐら》時計や枕時計、印籠時計など希少な和時計の数々を見ることができます。その一部は東京都の有形指定文化財になっています。

谷中界隈の旧武家地は、ほかに旧財閥系の会社が多くの土地を入手しましたが、これまで手放さず保有されてきたため、戦前からの屋敷町の面影が残りました。

江戸時代に形成された谷中の寺町も、第二次世界大戦中に空襲被害にあまり遭わず、現在は約70の寺院があります。江戸明治からの堂宇を保つ寺院も多く、また寺院の建物は建て替えられても、伽藍配置はほとんど変わっていませんから、江戸以来の風景が感じられる地区になっています。

寺院や個人の所有地が多い丘の上に対し、下町にある住宅地は借地や借家が主流でした。江戸の賃貸住宅というと、一つの建物の中に複数の住居がありさまざまな職業の人々が住みあう長屋が有名です。その住まい方を引き継ぐ、塀がなく路地や通りに開かれた下町型住宅が明治以降にも建てられました。ほかに店舗付きや一戸建てなどさまざまなタイプの住宅ができました。

谷中一帯を航空写真で真上から見ていただくと、緑が多い寺院が連なって広がり、その周囲を薄く取り囲むように町屋があることが分かると思います。雑誌『谷根千』を創刊したメンバーの一人、作家の森まゆみさんは、谷中をお菓子のモナカに譬えて「餡《あん》がお寺で、皮が町屋」と言われます。谷中の町屋地域は、奥行きがあまりないので中層以上の建物が建てにくく、地権関係が複雑なため、戦後の高度成長期に入っても大規模な都市開発の波は及びませんでした。

バブル期に立ち上がった住民たち

都会の中の隠れ里のような谷中界隈に衝撃が走ったのは、日本がバブル経済に沸いた80年代。幹線道路沿いに地上げが始まり、まちの景色が変わりかけた。そんな状況に危機感を抱き、「親しまれる環境調査」で協働した東京藝大大学院の修了生と地域住民が１９８９年に結成したのが「谷中学校」だ。

住民が主体的に関わるまちづくりを目指す谷中学校は、まちの歴史や文化を学ぶ勉強会や建物調査を行い、地域のものづくり文化を発信する展覧会「谷中芸工展」（１９９３年〜、現「芸工展」）などさまざまなイベントも展開。工芸や板金、畳、大工など手仕事に携わる人が自分の技を自宅や店で披露する芸工展は、新旧の住民の交流の場にもなっている。

都市計画や建築の設計・保存修復などの専門家も参画した谷中学校は、歴史ある民家や商店を保存・再生するためのアドバイスや提言にも取り組んだ。活動の中で、たとえば明治町家の蒲生家はまちづくりの寄り合い処に、旧銭湯柏湯は現代美術ギャラリー「SCAI THE BATHHOUSE」に生まれ変わった。

バブル期の地上げの勢いはすさまじく、その波は谷根千地区にも押し寄せました。不忍通りも、まず根津の方からビル化が進み、このままだとまちが変わってしまうという不安を多くの住民が感じていました。１９９８年、谷中の三崎坂にマンション建設計画が持ち上がりました。低層の寺院や民家が並ぶ坂の中ほどに当初９階建てのマンションが建設される計画でしたが、寺町の景観やコミュニティが変わることを危惧した地元の町会や下谷仏教会が中心となって見直し運動を行いました。

谷中学校は、マンション計画の見直し案をまとめるなどして地元住民と事業者間の交渉を支援しました。見直し案はマンションの高さを抑え、まちに開いた緑地や集会所を設けるといった内容でした。まちと寺院の方々は、9階建ての高さにアドバルーン（気球）を上げて景観への影響を可視化し、計画の見直しや、高さ制限のルール化を訴えました。

まちを挙げて運動した結果、事業者の理解が得られて、マンションは道路に面した部分は4階建て、奥側は6階建てまでに変更されました。外壁の色も地域に馴染む色合いにしてもらえました。その後も何度かマンション計画は持ち上がりましたが、その度に事業者に要望書や提案書を出して、寺町の景観やコミュニティに馴染むように高さ抑制と町内会・地域活動への参加などを求め、一定の成果が得られています。

マンション計画見直し運動は、谷中でまちづくりの機運が高まる大きな節目になりました。住民間の結束が強まり、町会や仏教会、商店街など既存の組織を横断する「谷中地区まちづくり協議会」が2000年に設立されました。同年に住民自身がまちの未来を考え決めると宣言する「まちづくり憲章」ができ、三崎坂地区を対象に建設できる建物の高さや色使い等に制限を設けた建築協定も締結されました。

実は、そこに至るまでの素地がありました。谷中は西日暮里駅上の丘にある諏方神社の氏子圏で、元々お祭りや行事を介した地域交流があります。また谷中地区には旧町名を冠した14の町会があるのですが、1978年に台東区立のコミュニティセンターの整備をきっかけに町会をまたぐ谷中コミュニティ委員会が組織されました。1981年には、寛永寺の浦井先生や野池さんが中心となって「江戸のあるまち会」を結成され、まちの歴史や固有性を学ぶ活動が行われていました。以前から町会や住民による活動が盛んでしたから、イザという時にまとまりが生まれたのだと思います。

保全と再生のための課題

マンション計画見直し運動を機に、谷中学校のメンバーらはまちの人々や他の専門家、学生らと協働して、保全・再生型のまちづくりを実践的に進めるための新しい組織を設立した。現在、椎原さんが理事長を務めるNPO法人「たいとう歴史都市研究会」（以下NPO）もその一つだ。古い家屋の保存再生や借り受け、リユース管理などの事業を手がけ、歴史ある生活文化を生かした地域の継続と発展を目指している。

これまでNPOで再生をコーディネートしてきたのは、喫茶店のカヤバ珈琲、明治屋敷の市田邸、著名な彫刻家・平櫛田中《ひらくしでんちゅう》の旧邸宅とアトリエなど。研究会が建物を借り受けてサブリース（転貸）したり、持ち主から管理運営を委託されたりと、関わり方は色々です。高齢の方が古い良い建物を所有され、自分では管理しかねていらっしゃる場合は、ＮＰＯで活用や運営方法を考え、入居を希望する人や企業とのマッチングもお手伝いします。

谷中町の入口に立つカヤバ珈琲は、戦前からの喫茶店で地域のシンボル的存在として多くの人に親しまれてきました。店主のおばあちゃまが一度閉店しましたが、ＮＰＯ有志が伺い、「またカヤバ珈琲を開きましょう」と相談していました。その後店主さんは亡くなってしまったのですが、建物をご遺族よりＮＰＯが借り受けて、店の姿やメニューを引き継いでくれる新しい店主を迎えて２００９年に再生オープンしました。伝統的な出桁造《だしげたづく》りの建物は、ＮＰＯと東京藝大による調査で外観や内部の保存改修方針を決めた上で、建築家の永山祐子さんに店舗内装の設計を依頼し、新旧の要素をあわせて空間を刷新しました。

２０１５年にオープンした「上野桜木あたり」は、貴重な１９３８（昭和13）年築の三軒家をリノベーションした複合施設です。しばらく空き家になっていましたが、近所の方に持ち主を紹介していただいたところ、折しも代々の家族が住んだ思い出がある土地の活用を考えておられるところでした。ＮＰＯでは建築設計や保存修復、造園の専門家を集めて三軒家と路地をつないだ交流スペースの創出や改修した建物を貸すモデルプランを考え、ここで商売したい、住みたいと考える人たちも募って家主さんに夢を語る交流会も行いました。幸い提案を気に入っていただけて再生チームができあがり、一部管理運営もNPOに委託されました。上野桜木あたりには、ビアホールやベーカリー、塩とオリーブの専門店、雑貨店などの店舗や住居が入り、貸しスペース「みんなのざしき」と共用部の「みんなのろじ」もあります。貸しスペースでは折々にマルシェや催しが開かれて、地域の交流の場としても活用されています。昭和レトロの雰囲気が味わえるスポットとして、町外から訪れる方も多く、最近は外国からの観光客も増えています。

建物の保存再生は、一足飛びに成果が挙がるものでなく、地道な実践の積み重ねが大切です。研究会の取り組みは個人のプライバシーに触れざるを得ない面があり、時に難しさも感じます。でも、持ち主さんが喜ばれて再生が実現できた「点」が一つずつ増えれば、それがやがて「面」となって、まち全体に潤いと誇りをもたらしてくれると思うのです。

2000年代初頭に相次いだ住民やNPO、町会によるまちづくりの動きは、行政の背中を押した。台東区は2007年に、まちづくり活動に取り組む団体に補助金を交付する支援制度や、まちの景観を改善する電線地中化を開始。2017年に「谷中地区まちづくり方針」、都市計画道路見直しに伴い2020年に防災性の向上やまち並みの維持・保全を目指す「谷中地区 地区計画」を策定し、地域の住民や団体に協力して取り組む姿勢を示した。地域住民や有志が主体的に動き、この20年間に前進した谷中界隈のまちづくり。だが、依然として課題は多いと椎原さんは語る。

目下最大の課題は、防災対策と地域の宝である歴史的建物と生業の保全、住み続けられるまちづくりです。1986年に谷中・上野桜木地区に537軒あった伝統的木造住宅は、2001年に369軒になりました。15年間で約3割もの減少です。その10年後に調査した時は、さらに2割以上減っていましたから、この30年間でほぼ半減したことになります。

歴史を持った建物が残らないのは、そこで培われた暮らし方が継承されないことを意味します。数は減りましたけれども、まだ谷中には江戸・明治・大正・昭和と各時代の寺院建築や屋敷、町家、商店、銭湯が残っています。何とか減少を食い止めて、江戸東京・谷中の人々が育んできた生活文化の証《あかし》として後世に守り継いでいければと願っています。

そのためには、法制度の活用や改革、保全施策、地域や建物再生への投融資など抜本的な体制や仕組みづくりが必要だと思います。たとえば、谷中では持ち主が残したくとも相続税の支払いのために古民家が建つ敷地が売却され、貴重な建物は取り壊されていくことがあります。1996年に創設された登録有形文化財制度では、建物の保存活用のために必要な設計監理費の2分の1を国が補助し、相続時には財産評価額の3割控除も認められています。とはいえ、やはり所有者の負担は大きいようです。もう少し所有者の負担を軽くして、しっかりと建物を守れるように応援する公的な仕組みができてほしいと思います。

歴史的・文化的なまち並みと防災の両立も大きな課題です。東京都の方針を受けて台東区は2002年に、燃えにくい建物への建て替えや道路の整備を促す密集住宅市街地整備促進事業を始めました。狭い路地が入り組んでいて老朽化した木造住宅が多い谷中の密集住宅地は、建物の不燃化と道路拡幅が急務とされました。

しかし、都市における防災のやり方はさまざまあり、方法は一つではありません。まちの特性と関係なく一律に標準的な方法を推し進めれば、木造住宅が培った歴史文化はほとんど失われ、谷中らしさは消えてしまうでしょう。先ほど言いましたように町屋敷に奥行きがない地域もありますから、道路が拡幅されると「うちは町会ごとなくなってしまう」と心配する声も上がっていました。まず地域の消防水利を充実させ、伝統木造の建物が多い地域にも適した安全対策を確立するのが先決ではないでしょうか。下町情緒あふれる商店街として知られる谷中銀座も、1970年代に道路拡幅計画を取りやめています。道幅を広げると、道路に面した店舗の多くが立ち退き、店を畳まざるを得なくなることが理由でした。その頃の谷中銀座は、人出が減りシャッター街になりかけていましたが、当時の商店街会長などがまちの個性を伝える作戦を展開して賑わいを取り戻しました。

1990年代の下町ブーム以降、急増した観光客によるオーバーツーリズムの問題も深刻になっています。谷根千は、純然たる住宅地として開かれたのではなく、谷中には七福神巡りがあったり、根津神社の門前は参拝客で栄えたりと、江戸時代から行楽地のような性質がありました。とはいえ、現在は観光業に関わっている人は全体の一部で、ほとんどの住民がまちを暮らしの場としています。まちの良さを味わいに来る人と住む人の日常の暮らしが調和できる仕組みづくりが求められています。

少し耳が痛い話になってしまうかもしれませんが、最近は国内から訪れる観光客のマナーが地元で問題視されているようです。谷中銀座で食べ歩きしたゴミを道端に捨てる、個人の敷地に入り込むなど、困った出来事を時々聞きます。海外からの観光客のほうが、時間をかけてまちなかを散策したり、通訳ガイドを頼んで寺町で座禅や茶道を体験したりと、日本の文化を含めまち全体を楽しんでくださる傾向がうかがえます。

まちづくりと事業の両立を実践

穏やかな口調を崩さずに、谷根千が抱える課題を説明してくれた椎原さん。凜とした眼差しは、約40年関わり続ける地域への深い愛情とまちづくりに懸ける信念を感じさせる。市場経済原理が優先されがちな現代、それらの課題を解決する手立てはあるのだろうか。

一つの可能性として考えられるのは、谷中・上野桜木地区が国の伝統的建造物群保存地区（伝建地区）か、歴史まちづくり法の歴史的風致維持向上計画の重点区域、国家戦略特区などに指定されることです。伝建地区は建物単体でなく、城下町や宿場町、農村といった歴史的な集落やまち並みを住民が住みながら保存するために制定された制度で、金沢の寺町台地区や卯辰《うだつ》山麓地区のように寺町が指定された前例もあります。谷中界隈が選ばれれば、都内では初の事例になります。

伝建地区は、歴史的価値がある建物の保存修復に国や地元市町村の補助を受けられるメリットがあるいっぽう、地区内の改築や建て替えには一定のルールがあります。谷中地区は、約５０００の世帯があり、個人の考えや事情はさまざまで各寺院の宗派も色々です。自分は伝建地区化に賛成だけれど、将来的に子孫の生活が縛られるのは好ましくないと感じる方もいます。皆の意見がまとまるのは難しいかもしれませんが、まち並みや家や寺院が持続的に守られる制度なので一考する価値はあると思います。

まちの防災も、地域にある水や自然の地形を利用した強化策が可能だと考えています。

京都・岡崎地区の寺院・屋敷群は、琵琶湖疏水の水を引き入れて庭園の泉水にしていますが、それは防火用水も兼ねています。同じ京都の東山地区の公園には大型耐震貯水槽と送水ポンプが整備され、いざ大火災が発生した時は木造が多い産寧坂《さんねいざか》の伝建地区や清水寺などが守られるようになっています。京都市内には、あの手この手で防災水路網が張り巡らされているのですね。

京都に倣って、寛永寺や上野公園の噴水広場、谷中霊園、神社などの境内地に大規模貯水槽の整備を提案したいと思います。また上野の山は多くの水源がありますが、上野駅の地下軌道から毎日湧き出る大量の清水を不忍池や浄水場に送っていると聞きました。ぜひこれを汲み上げて大規模貯水槽に溜めておき、火事や地震に備えていただきたいです。

現在は暗渠の谷田川や藍染川流路の表面の一部にせせらぎ水路を作り、火事の際はせき止めて消防用水に使う方法もあります。水圧が弱い誰でも使える簡易型の消火栓を上野・谷根千一帯に50メートルおきに設置するのも有効だと思います。既存の消防体制と設備に、こうした防災水利を加えれば、いっそう皆が安心して暮らせて歴史文化資源も守っていけるまちになると思います。

NPOたいとう歴史都市研究会では、古民家の持ち主から由来や思い出、苦労話を聞き、その思いや記憶を引き継げる方と伴走しながら建物の保存再生と活用を図ってきました。

しかし、古い建物を建築基準法の耐震強度を満たし補強するには数千万円の費用がかかり、NPOの資金調達力では対応が困難です。一方、株式会社なら、再生の初期にかかる費用を10年位で支払える事業計画を立てて認められれば金融機関などから融資を受けられます。そのため2017年にまちづくり会社「まちあかり舎」を谷中に設立しました。

椎原さんらが建築企画や設計、保存修復や財務のプロと共に設立したまちあかり舎。「まちの生態系を生み育てる」を目標に掲げ、谷中、下谷地域を中心に歴史ある建物の再生企画やプロデュース、サブリースなどに取り組む。これまで銅細工職人の自宅兼工房をリノベーションした大丸松坂屋百貨店の「未来定番研究所」、長屋形式の町屋を使った「八代目傳左衛門めし屋」などを手がけた。

生まれ変わった古民家で起業する人を資金面で応援する仕組みもできた。地元の朝日信用金庫と国の外郭団体の民間都市開発推進機構が出資し、2018年に創設された「谷根千まちづくりファンド」だ。国土交通省が推進する「マネジメント型まちづくりファンド支援事業」の一環で組成されたもので、歴史的建造物を保存再生したうえで行う事業に投資する。

ファンド出資ですと銀行借入に比べて返済まで時間の猶予がありますから、その間に起業した人は事業を安定させることができます。「八代目傳左衛門めし屋」は、ファンド適用第1号でカヤバ珈琲の3軒隣にあります。定食屋さんでね、とても美味しいんですよ。

1955（昭和30）年築の木造アパートをリノベーションした複合施設「HAGISO」は、若手建築家の宮崎晃吉《みつよし》さんが経営しています。東京藝大大学院出身の宮崎さんは自身も藝大の仲間たちと住むアパートが取り壊される話が出た時に、この家で多くの人を集める展覧会を開いた後、改修計画や利用方法を持ち主に提案したそうです。HAGISOはカフェやギャラリー、旅館のフロント、サロンが入っていて、他にも離れ形式の旅館や総菜屋など複数の事業を営み、今はアルバイトを含め80人位の従業員を雇用しているんですよ。

新しく地域に来た方は、以前からの住民の方と良い関係を築くことも非常に大切です。まちあかり舎でコーディネートする建物に企業が入る時は、町内会への入会を条件にしています。なので、企業の方々は祭りの神輿《みこし》も担ぐし、縁日の手伝いもなさっています。

私たちがお手伝いした以外にも、谷根千は既存の建物を活用した新しいお店が増えて、どれも個性的で面白いです。新しく地域に来た若い世代は、「本物の生活」に対する思いが強く、古い建物の味わいや造り、思い出を大切にする人が多い印象です。樋《とい》や建具が壊れても「自分でもとのように直します」、あるいは「ちゃんとした大工さんに頼みます」という感じで頼もしいです。

そうした若い人が、まちの新しいプレイヤーとして育ちつつあります。地域に住んで家庭をつくり、子供が生まれ、地域行事や学校のＰＴＡの役割をするうちに町内会の役員になった人もいます。谷中も少子高齢化が進んでいますが、少しずつ若い世代も入っていますから、今後に希望が持てますね。

大学教授、まちづくりプランナー、ＮＰＯ理事長、会社社長と何足もの草鞋《わらじ》を履いて走り続ける椎原さん。その情熱はどこから来るのだろうか？

大学院を修了した１９８９年から95年まで、横浜に事務所がある山手総合計画研究所という都市計画デザイン会社に勤務しました。会社では主に横浜の歴史を生かしたまちづくりを担当しました。横浜市には、持ち主を支援して歴史的建造物の保全を図る制度がありましたが、当時の東京では不燃化促進や共同化のための解体と新築の支援は多種ありましたが、既存不適格建築物の木造の保全活用を応援する策はほとんどありませんでした。

同じ歴史ある建物なのに自治体により扱いが全く違う。そんな矛盾を、勤務する横浜と個人として活動する東京を往復しながら目の当たりにしました。谷中界隈のまちや家々には、江戸時代、いえ、それ以前から木の住まいとまちなかの暮らしの文化が生き続けています。日本のまちづくりの智恵として、伝統木造の耐震や防火性能も向上できるように家を造り、直し、使い続けられる、地価の高い都市部でも家族が代々住める、若い人も住み、店も持てる都市計画をまちの人たちと一緒に作れないかと思ったのが終わりのないチャレンジのはじまりでした（笑）。

古い建物を保存再生した活動は市田邸では23年、カヤバ珈琲では15年間続いてきました。その間に当然ながら毎月持ち主に家賃を払い、修繕を重ね、管理費や当番代も払い続けてきました。管理や入居のメンバーもそれぞれの仕事となんとか両立しながら運営を続けてこられました。小さな経済でも魅力ある活動として回っていけば、自分もやってみたいと思う人が今後も出てくるでしょう。

風情あるまち並みを未来へ残すにはさまざまな困難がありますが、私は最も大変なのは建物の大家さんだと思っています。固定資産税に加え古い家屋は維持管理費など個人の負担が大きいからです。相続が生じれば、地価の高い東京では代々の家や店を手放す選択をせざるを得ないこともある。志ある家主さんをバックアップする公的な制度や体制ができることを願っています。

日暮里駅を出て、階段「夕やけだんだん」から望む谷中銀座商店街。昔懐かしい風情が残る。

2　物語としてまちを受け継ぐ　野本弘文

動線の整備にさらなる可能性

東急株式会社取締役会長の野本弘文氏は、東急グループにおいて二子玉川や渋谷に象徴される再開発事業に携わってきた、いわば「まちづくりのプロ」。東京商工会議所の副会頭、同会議所の常設委員会「首都圏問題委員会」の委員長も務め、2023年4月には「トラベル＆ツーリズム委員会」「東京の将来を考える懇談会」と共に「『国際文化都市東京』の実現に向けた研究会」を立ち上げた。同年11月には、メンバーと共に歴史や文化的資源が集積する上野・谷中エリアを視察。まちづくりのプロから見た、上野や谷根千エリアの魅力や展望について聞いた。

上野や谷中周辺を実際に歩いてみて感じたことは、東京の中であれだけ自然が残り、美術館や博物館など文化施設が集積しているエリアはないのではないか、ということですね。上野・谷根千エリアには、江戸から続く歴史や文化が数多く残っています。まさに「国際文化都市東京」の具体的な事例がここにあると思いました。

東急グループは、創業時から「街に文化を」という発想のもと、文化戦略として楽しさを追求した数々の事業を行ってきた。このエリアがもっと楽しく、文化を発信していくために必要なことは。

上野公園を中心に、このエリアにはたくさんの美術館や博物館といった文化施設が集積していますが、海外に比べて早い時間に閉館するため夜まで楽しめないということが一つ挙げられます。それから、各エリアの裏や奥までをつなぐ回遊性のある交通網が必要だと考えます。都市と交通の問題を考えた時、重要なカギを握るのは、鉄道と徒歩、車の三つの動線をどう掛け合わせるかということです。上野・谷根千エリアにおいて、この三つの動線をうまく掛け合わせることができたら、もっと面白いエリアになるのではないかと思っています。

具体的には。

　ＪＲや地下鉄の駅から降りて、各スポットまで歩こうとすると意外と距離があります。歩くことが楽しくなるような仕組みの一つとして、あのエリアをぐるっと回るカートやミニバスのような簡易な乗り物があればいいのではないでしょうか。カートというか馬車というか、利便性だけでなくその乗り物に乗りたい、乗ったら楽しい、というようなものがあるといいですね。そうすると子供も高齢者も気楽に訪れることができるし、１カ所だけでなく、２カ所も３カ所も巡りたくなる。人は１カ所行きたいところがあってもなかなか行動に移せませんが、二つ、三つあればぜひ訪れたいという気持ちになりますから。

　おそらく、上野エリアは日常的に訪れる人より一見《いちげん》さんのような観光客が多いと思いますが、限られた時間の中で効率よく回遊してもらうためには、楽しくて便利な交通動線があるといい。ＩＴを使った音声情報サービスや、気軽に乗り物をシェアできるようなサービスなどがあれば回遊性は高まると思います。

上野公園と谷根千エリアには訪日外国人客（インバウンド）も多く訪れている。

そうですね。外国人観光客の方は特に大きな荷物を持った人が少なくないですから、それらを預かる場所もあった方がいいですね。要するに、人が疲れずに楽しみながら歩いていける快適なサービスが求められているのだと思います。

私は、これからの社会は、わずらわしさを解消するビジネスというのが伸びると考えています。直接的に利益を生むか、間接的に生むか、という問題はありますが、トータルバリューで考えたまちづくりのビジョンやサービスが求められているのだと思います。

まちそのものがテーマパーク

インバウンドの訪問意欲を駆り立てる理由の一つが、昔からの風情が残る寺町や商店街。一方で、地価の高騰による相続税等の問題があり、昔ながらのまち並みを継続することが難しくなってきている。

江戸時代からの風情を残す上野や谷根千エリアは、東京の財産だし、日本の財産ですので、ああいう空間は絶対に必要で、残した方がいいと思っています。特に、谷中や根津には昔ながらの商店街が残っていますが、世代が変わっていく中で、維持していくのはやはり難しい。仮に再開発をするとしても、あの雰囲気を残そうとすると、やっぱり2階建てぐらいがいいところではないでしょうか。

ただ、一つ一つのお店や住宅にはそれぞれの事情があるため、たとえば周辺の容積率が400パーセントあるのに、あるエリアだけ制限されるとなると「何でうちは200パーセントなんだ」といった不満の声も出てくるでしょう。その際、たとえば空中権の区画整理をして、下町の風情を残しながら容積の付け替えができるような仕組みがあってもいいのではないかと考えています。

まちの雰囲気や価値を保つためには、大きな絵、全体としての将来図を描くことが大事です。それぞれの家の事情があるので一気呵成《いっきかせい》にはできませんが、全体としての将来図が描けないと、結局つまらないビルが建ったりして、せっかくのまち並みが壊れてしまいます。住民にどんな将来像があって、どういう選択肢があるのかを伝え、できることからやっていくというのが何より大事なのではないかと思っています。

谷中を中心とした同エリアには、70を超す寺社があり、それゆえに昔からのまち並みが守られてきた側面がある。

実際に歩いてみて驚きましたが、本当にお寺が多いですね。お寺はその佇まいを含め、日本固有の文化や精神性を感じてもらえる場所です。宗教観の違いはあると思いますが、個人的にはヨーロッパの教会のように寺社を一般客に開放することも考えていいのではないかと思っています。お寺を中心としたまち並みを守っていくことと同時に、文化大国日本の良さを知ってもらう機会創出として、寺社が果たせる役割は大きいと感じています。

上野公園や谷根千エリアには自然が多く、大学をはじめとした教育施設や、博物館、美術館といった文化施設が多く集まっている。一方で、トータルのブランドというか、コンセプトがまだ立ち上がっていないようにも感じる。

まちづくりにおいて重要な視点は、広い視野で物語をつくることです。このエリアが歴史的にどういうまちであり、どういう暮らしが受け継がれていったのか。それを考えた上で将来図を描いていくことが必要です。

他のエリアにも言えることですが、行政区が異なれば物語が途切れるようなことはあってはいけない。江戸東京というか、あのエリアに残っている文化や歴史を大きな物語として次の時代にどう受けつないでいくのか。どうしたら、人がワクワクして訪れたくなるような楽しいエリアになるのか。そういうことを縦割りではなく、大きな、高い視点で考えることが重要です。

私は常々「まちそのものがテーマパークなんだ」という話をしますが、一つ一つの建物が独立した個性を出すのではなく、まち全体を舞台に見立てて、どんな個性をエリアとして磨きあげていくかが大事だと考えています。渋谷の再開発でもそうですが、バラバラと高層ビルが建つだけではまちの魅力は生まれない。上野もまた今後再開発の時期を迎えるでしょうが、ツギハギのビルが乱立しないような全体としての絵が必要になるでしょう。既に上野や谷根千エリアは、日本有数の自然や文化施設、風情あるまち並みを持っているので、そういう意味ではより魅力あふれるエリアに生まれ変われるチャンスかなとも思っています。

さらに、重要なポイントとして、まちを作りこみ過ぎないことも挙げておきたいと思います。隙間があった方が楽しいですよね。自分で考えるというか、気付かせるというか、そういう余白はあった方がいいと思っています。上野や谷根千エリアに限らず、裏通りに謎の店があるというような、そういうのを発見できるのが楽しいんですよ。

東京商工会議所首都圏問題委員会のトップとして考える、上野公園・谷根千エリアの展

望は。

東商では「国際文化都市東京」の実現を目指し、さまざまな活動に取り組んでいますが、私は、日本が世界に誇れる国になるためには、文化大国を目指すしかないと考えています。その文化大国・日本の入口になるカギを握っているのが上野・谷根千エリアです。

そして、文化と同時に、食もまた重要なテーマの一つ。上野にある「精養軒」は西洋料理の草分けですし、老舗のうなぎ割烹店「伊豆榮」があるなど、食の面からも人を呼び込める力があると考えています。

いずれにしても、さまざまな価値を持っているこのエリアを、未来へどうつなげていくのか。それが東京の、ひいては日本の将来を担う柱の一つになるのではないかと思っています。

第4章

博物館がすごい

東京国立博物館館長
藤原 誠

現在の東京国立博物館本館は、1938（昭和13）年に昭和天皇の即位を記念して開館。渡辺仁による設計で、「帝冠様式」の代表的建築とされる。2001年に重要文化財に指定された。東京国立博物館提供。

「緑」と「文化」の歴史的集積

上野といえば、ミュージアム、である。東京国立博物館、国立科学博物館、国立西洋美術館、上野の森美術館、東京都美術館、東京藝術大学大学美術館。さらに恩賜上野動物園、東京文化会館、国際子ども図書館もある。博物館と美術館をはじめとする文化施設が1カ所にこれだけ集結している場は、日本はもちろん世界でも稀有である。

なぜ上野はミュージアムのまちとなったのか？　国立博物館館長の藤原誠さんによれば、明治維新の際、寛永寺の広大な上野の土地が開発対象になった時、あえて「公園にしよう」という道が選ばれたのだ、という。日本が西洋に伍して先進国の仲間入りをするためには、文化と自然を集約した公園を首都に設けることが要となったのだ。そして21世紀、上野のミュージアムは、観光と教育の側面から注目を浴びている。ミュージアムにどんな戦略が求められるのか？　藤原さんが明かす。

2022年6月に東京国立博物館の館長になりました。私は多摩育ちで、いま住んでいるのは東京の城南地区ですが、上野公園に通うようになってあらためていい所だと実感しています。これだけ緑豊かな環境で、博物館や美術館などの文化施設が多い場所は他にありません。

上野公園は年間1000万を超える人が訪れます。人間は生きていくために、心身が安らげる「緑」と感性に働く「文化」を必要とします。人間にとって非常に大切なその二つの要素が上野には集約されているので、これだけ多くの方が来園されるのではないでしょうか。これは、上野公園が未来へ向けて引き継いでいくべき一番重要な役割だと思います。

上野公園は、「緑」「文化」に加え、さらに江戸時代以来の「歴史」も融合した都内では稀《まれ》な場所です。近年は、日本人だけでなく海外から訪れる観光客も増えています。東京を代表する「ユニークベニュー」としても大きな可能性があると考えています。

藤原さんが言及した「ユニークベニュー」は、直訳すると「特別な（Unique）場所（Venue）」を意味し、歴史的建造物や博物館、神社仏閣、城郭など国際会議やイベントを開催すると特別感が演出できる会場を指す。観光庁では、日本の国際競争力強化の一環として各地におけるユニークベニューの開拓と活用を推進している。

東京出身の藤原さんは1982年に文部省（当時）に入省し、文部科学省大臣官房長や初等中等教育局長などを歴任。文科省の事務方トップの文部科学事務次官を2018年から3年間務めた後、東京国立博物館の第29代館長に就任した。

東京国立博物館（以下、東博）は1872（明治5）年に創立された、日本で最も長い歴史を持つ博物館です。この年に東京の湯島聖堂で文部省博物局により日本で最初の展覧会が行われました。会場には文化財、絵画、工芸品、剝製、天然物の標本などあらゆるものが集められ、陳列されました。この展覧会を、恒久的な展示を行う東博の始まりに当館では位置付けています。

翌1873（明治6）年にオーストリアで開催されたウィーン万国博覧会は、日本が初めて公式に参加した万博で、本格的な博物館の創設も参加した目的の一つでした。早くも同年に、万博に出品したものと同じ品々と文部省の所蔵品を展示する博覧会が、今の千代田区内幸町にあった博物館で開催されています。

ご承知のように上野公園は、幕府の祈禱寺で徳川将軍家の菩提寺だった寛永寺の元境内地にあります。幕末に幕府方の彰義隊と官軍が戦った上野戦争がこの地で起き、寛永寺の伽藍は大半が焼失して境内地は新政府に没収されました。焼け野原と化した上野の山は、一時は病院などの建設計画が持ち上がりましたが、オランダ出身の軍医アントニウス・ボードウィンの提案が採用されて、1876（明治9）年に上野公園が開園しました。

園内では、翌1877（明治10）年に大久保利通が殖産興業のために提唱した内国勧業博覧会の第1回が行われました。その時の陳列館の一つに日本で初めて「美術館」の名称が用いられました。

東博の前身となる博物館は、1882（明治15）年に現在の場所に開館しました。敷地は、江戸時代に寛永寺の本坊（住職の住居）があったところです。以来140年余りの間、名称や所管官庁が変わるなどの変遷を経て現在に至っています。

開館と同年に、上野公園に博物館の付属施設として動物園が開園しました。国立科学博物館は、文部省が所蔵品を一部移管して上野に施設を作った教育博物館が前身です。つまり東博も上野動物園も科学博物館も根っこは同じなんですね。

今でこそ上野は日本を代表する文化ゾーンが形成されています。ただ、それは実は幕末の上野戦争による、ある意味破壊の結果です。上野に来てからあらためてそう感じています。

その後も上野地区は破壊の危機が2回あったと思います。1回目は関東大震災（1923年）です。周辺が火災で燃え盛る中、この地区は火事が上野駅で止まり、高台に文化施設が並ぶ上野公園は被害を免れました。2回目は第二次世界大戦で、理由はよくわかりませんが、結果的に米軍の空襲被害に遭わずに済みました。この二つの危機を切り抜けることができたために、東博を含め上野地区が守られて、現在につながっていると思います。

ところで私事ですが、うちのお墓は港区・芝の増上寺にあります。浄土宗の増上寺は、寛永寺に先立って徳川将軍家の菩提寺になり、第二代の秀忠ら6人の将軍が葬られました。風水的には、寛永寺が江戸城から鬼門（北東）に当たる上野に創建されたのに対し、抑えの裏鬼門（南西）の方角に位置しているそうです。

江戸時代の増上寺は、寛永寺と同じく広大な境内地を有していました。明治の世になると、やはり同様に境内地を政府に召し上げられ、それが今の芝公園になりました。第二次世界大戦中に米軍の空襲により伽藍や徳川家霊廟が焼失する大きな被害を受け、再建のために、残る境内地の一部を売却しました。その土地に建設されたのが、東京タワー（1958年開業）や東京プリンスホテル（1964年開業）です。戦後の目覚ましい経済発展の中で芝地区は民間による開発が進み、景観も大きく変わりました。

一方、上野地区は民間企業が参入する余地はほぼありませんでした。公園自体が東京都の所管で、園内にある施設も国立と都立が大半だからです。上野は「公」の性質が圧倒的に強い場所で、それゆえに歴史的に集積された「緑」と「文化」が守られてきたと言えます。同じかつての「徳川幕府の聖地」でありながら、上野地区と芝地区の現在の違いは興味深いと思います。

総合文化展来場者の約半分がインバウンド

2006年に策定された「観光立国推進基本法」を受け、政府は観光を目的とする訪日外国人客（インバウンド）誘致に向けたさまざまな施策を展開している。2016年に初めて年間2000万人を突破した訪日外国人数は、2019年は年間約3200万人を記録。新型コロナウイルス感染症の世界的流行により一時期は人数は落ち込んだが、2024年はコロナ禍前の水準まで戻ると目されている。

そうした中、博物館や美術館は従来の社会教育施設としての役割に加え、外国人観光客に向けた利便性や機能の向上も求められている。国内屈指の来館者数を誇る東博は、館内のキャッシュレス決済や常設展示の解説やキャプションの多言語化、外国人にもわかりやすい館内表示を工夫するなど、インバウンド対応を充実させてきた。

日本美術ブームの追い風もあり、東博の年間総入館者数は2019年度に過去最高の259万人を記録しました。そのうち常設展示に当たる「総合文化展」の来場者数は103万人です。現在の外国人の来館者数は、総合文化展の来場者の約半分ほど。当館の中庭は大勢の海外からのお客様がベンチに座ってくつろぐ姿が日常風景になりました。

政府は、関係機関の密な連携を確保する観光立国推進閣僚会議の設置（2013年）、国内の免税対象品の拡大（2014年）、安倍政権の時に「明日の日本を支える観光ビジョン」（2016年）を打ち出すなど、さまざまな施策を展開してインバウンドの増加を図ってきました。そうした一連の観光政策の効果は、当館の外国人入館者数を見る限り、確実に上がっていると思われます。

東博の展示は、古代から近代までの日本美術とアジアの美術を紹介する総合文化展と期間限定の特別展の2種類があります。外国の方のほとんどは、文化的側面から日本の歴史を辿れる総合文化展を鑑賞します。特別展もテーマによって海外からの鑑賞者が多く見受けられ、たとえば2024年1〜4月に開催した特別展「中尊寺金色堂」は、黄金の輝きがアピールしたのでしょうか、とても人気がありました。

当館では、外国人観光客を意識した広報宣伝にも取り組んでいます。たとえば、京浜急行の羽田空港第3ターミナル駅の壁面を東博のポスターで埋め尽くして〝ジャック〟しています。来日した人が都心に向かおうとする時に、真っ先に「Tokyo National Museum」が目に入るようにしたわけです。

また、2023年に開業した羽田空港内の複合施設「羽田エアポートガーデン」に、全国初出店となる当館公認のグッズや菓子を販売する土産ショップ（「TOBI・BITO SWEETS TOKYO」）ができました。店内には、絵葉書などスタンダードなものだけでなく、当館が所蔵する日本の名画をパッケージにあしらった民間企業とのコラボ商品もたくさん置かれて目を引きます。

両方とも、外国人の方が日本に入ったところで東博の存在をアピールする作戦です。日本文化に関心がある人は何もしなくても当館に足を運んでくれますが、そうでない人は興味を持つきっかけが必要です。ポスターやグッズは、そのきっかけづくりになります。

訪日外国人に人気の情報サイト「LIVE JAPAN」（https://livejapan.com/ja/）には、当館の最新情報を掲載しています。コロナ禍の最中はやめていたんですが、復活しました。国内外のいろいろな媒体を通じて、海外の人にも東博を知ってもらえるように努力しています。

さまざまなマネタイズの試み

近年、日本の公立博物館・美術館を取り巻く環境は厳しさを増している。２０００年前後に国立館は「独立行政法人」、公立館は「指定管理者」の新制度が相次いで導入され、共に民間の経営手法を応用した施設運営が求められるようになったためだ。東京・京都・奈良・九州の四つの国立博物館は、二つの文化財研究所と共に独立行政法人国立文化財機構（2007年設立）を形成し、施設ごとに独自の運営を行っている。

東博の年間予算はざっと30億円で、うち約20億円は国からの交付金、残りは入場料などの自己収入で賄っています。国への依存率は6割ほどですが、コロナ禍のため入館者数が激減した時期は依存率が8割に達しました。私の当面の目標は、自己収入を増やして、交付金との割合を5対5にすることです。

当館は、国宝89件と重要文化財650件を含む12万件を超す文化財を所蔵し、質量共に国内最高峰だと言われています。そうした貴重な文化財を収集・保存・調査して、次世代につなげていくことが博物館の使命です。そのためには適切な温度・湿度が保たれた収蔵庫に文化財を保管する必要があり、空調設備の常時稼働が欠かせません。

ところが2022年度は、ロシアのウクライナ侵攻を契機に起きたエネルギー危機で電気・ガス代が高騰し、当館の年間光熱費は4・2億円に膨れ上がりました。予算額の2倍以上に当たる大幅な支出増です。文化庁に光熱費不足分を補正予算に盛り込んでほしいと要望して財務省と折衝してもらいましたが、ゼロ査定でした。結局その年度は、当館の文化財購入や修理費など業務予算の一部をカットしてしのぎました。

このケースを見ても、現在の国の財政状況では当館の予算が増える見込みはありあり ません。財務省には、文化財の普遍的価値と後世へ継承する重要性をもっと理解してほしいのですが。とはいえ、予算不足を嘆くだけでは、持続可能な発展は望めず、国立博物館としての使命が十分果たせなくなる恐れがあります。自館収入を増やす努力を積極的に行い、財政基盤をより安定させることが急務です。

自己収入を増やすためには、まず発想の転換が必要です。これまでの博物館は当館を含めて、「マネタイズ（収益化）」の意識がほとんどなかったと思います。当館は２０２３年10月に組織内に企画経営室を新設し、今春から専任職員を置きました。国立博物館の先頭に立って、入場料以外の収入を確保するためのマネタイズ手法の開拓と実践に取り組んでいきます。

マネタイズはビジネス的に重要な概念ですが、公共性がある文化施設の場合は、必ずしも直接的な収入や収益を伴う必要はないと考えています。文化に投資する意欲がある企業に働きかけたり、当館との協働を通じて協力的な関係を構築したりなど、いろいろなやり方があるでしょう。

一例を挙げると、当館は２０２４年1月に照明メーカーのカネカ（東京）と有機ＥＬ照明に関する基本合意を締結しました。今後、本館展示室の天井照明とケース照明を、カネカが無償提供する環境に優しい有機EL照明に順次切り替えていく内容です。通常購入なら、おそらく数億円の費用を要したことでしょう。当館の学芸員はカネカ社の社員と展示照明に関する共同研究を行ってきた実績があり、それが今回の協力に結び付きました。

文化財の修理修復費の確保も大きな課題です。国立博物館の収蔵品は、すべて国が修理費を措置していると思われがちですが、実は違います。東博が所属する国立文化財機構の文化財修理費は決算ベースで年間約1・6億円ですが、国からの交付金は3000万円にとどまります。そのため各国立博物館は、あの手この手でそれぞれ費用を捻出しています。

たとえば東博は、2022年の開館150周年記念事業の一環で、所蔵品の「埴輪　踊る人々」と「見返り美人図」の修理費の寄付を募るクラウドファンディングを実施しました。前者は古墳時代の焼き物、後者は江戸時代の絵師・菱川師宣《ひしかわもろのぶ》の肉筆画で、共に当館を代表する名品です。おかげさまで目標金額の1000万円を超す寄付が集まり、今は両作品の修理作業が進んでいます。

広く支援を募るクラウドファンディングは、2023年に国立科学博物館が目標額を大きく上回る約9億円の資金調達に成功し、注目されています。修理待ちの文化財が列をなしている当館も、またチャレンジしたいと考えています。科学博物館は運営資金集めが目的でしたが、当館は所蔵品に有名な作品が多いので、修理をサポートするファンクラブのような仕組みが作れるといいですね。

ミュージアム活動をサポートする会員制度や寄付金も、当館収入の柱の一つで大きな助けになっています。個人・団体が対象の「賛助会員制度」は、会費（5万〜1千万円）が文化財購入や修理などの博物館事業に充てられ、会員の方には特別展の開会式や感謝デー（事業報告会）へのご招待など特別な体験を提供しています。私もいろいろな場所に足を運んで制度の趣旨を説明して回り、昨年度は寄付がかなり増えました。

言うまでもなく、より多くの方に足を運んでいただくために特別展の充実や展示の工夫は極めて重要です。近年は現代アートの展覧会も手がけ、２０２４年は現代美術家・内藤礼氏の個展や高級ジュエリーメゾンのカルティエの特別展を開催して、来年も引き続き実施する予定です。東博の来館者は、古美術愛好家を中心とする中高齢者層のリピーターが多いのですが、そうした方々の要望に応えつつ、扱う分野を広げてより若い世代にも訴求力がある企画展を行っていきます。幸い当館は本館、東洋館、平成館、表慶館など複数の展示施設がありますから、テーマが異なる展覧会の同時開催が可能です。

博物館で年越しも

力強い言葉で歴史に裏打ちされた東博の「すごさ」に加えて、館が抱える課題も説明してくれた藤原さん。最後に、(予算の問題は抜きにして)東博の魅力がより輝くためのアイディアを聞いた。

実現しそうなのは、修理修復現場の「見せる化」です。専門家が手を動かして文化財の劣化・損傷した箇所を直していくプロセスを来館者に公開します。通常目にする機会が少ない修復作業を一般の方に見てもらうことで、文化財保存への関心や意識の高まりを目指します。実は以前に計画が進んでいたのですが、コロナ禍で頓挫してしまったので、再び準備中です。

東博に「北門」があるのはご存じでしょうか？　本館北側に広がる庭園の端にあり、上野公園の噴水広場に面した正門の反対側に当たります。北門は寛永寺エリアが目の前でJR鶯谷駅も近い距離にあるのですが、固く門を閉ざして利用されず、もったいない気がしています。

たとえば北門を開けて入場チケットの販売を行えば、当館と鶯谷駅の間に従来はなかった人の流れが生まれ、地域の活性化にも役立つのではないでしょうか。北門がある庭園は、池を中心に5棟の由緒ある茶室や書院が点在して上野の自然と歴史を体感できる素晴らしいポイントで、その魅力をより多くの人に知ってもらえる機会にもなります。ただ新門開設に伴う人件費をはじめランニングコストの問題が、やはりネックになりそうです。

そこで一案ですが、もし大晦日に東博が一晩中開館していたら、美しい仏像や絵画と一緒に年越しをしたいと思いませんか？　真夜中に除夜の鐘が鳴り始めたら、来館中の人たちは当日だけ開けられた北門を通って寛永寺へ初詣に向かう。いつかそんな光景が見られたらいいですね。

第5章

鉄道がすごい

東日本旅客鉄道株式会社（ＪＲ東日本）代表取締役社長
喜勢陽一

東京地下鉄株式会社（東京メトロ）代表取締役社長
山村明義

12路線が乗り入れるJR上野駅を東南方向より望む。右手に見える東西自由通路（通称・パンダ橋）は2020年開通。東京メトロ提供。

1　エキナカと上野のまちは共存共栄　喜勢陽一

すべての始まりの駅

上野駅の歴史は、日本初の民営鉄道会社「日本鉄道」が1883（明治16）年7月28日、上野―熊谷間に初めて列車を開業したことに始まる。同鉄道が国有化された後も、ターミナル駅の役割を担い、日本の近代化と共に飛躍的に発展。現在、JR東日本の上野駅には、5方面を結ぶ新幹線、上野東京ライン、山手線など12路線が乗り入れている。JR東日本の喜勢陽一社長から見た上野エリアの展望とは。

上野は私にとって、個人的な思い出が強いところです。というのも、私の初任地が上野駅だったんです。上野駅で出札や改札の仕事をしました。当時は自動改札が導入されていなかったので改札では切符を切っていました。

喜勢社長が入社したのは１９８９年。そのころの上野の風景やイメージは。

思い出してみると、多くの駅が個性を失う中にあって、ヒトを感じる「独特の匂い」がある駅でした。当時はまだ新幹線が東京駅まで乗り入れしていなくて、上野が発着駅でした。いわゆる「北の玄関口」で、多くの夜行列車も上野が終着駅でした。青森行きの夜行急行列車「八甲田」というのがあって、ホームにお土産を抱えたお客さまが早くから並んでいたり、逆に上京するお客さまをお迎えする人たちがホーム上に溢れていたり。高度成長期の「集団就職列車」ではないですが、そういうお客さま一人ひとりの人生や生活を感じさせる人混みの光景がまだ残っていました。当時も日本有数のターミナル駅が上野ではないでしょうか。

上野駅発着だった新幹線は、１９９１年に東京駅まで乗り入れ、上野駅を取り巻く環境も大きく変化した。

ここ30年間で、変わったところと変わっていないところがあると思います。たとえば、駅構内の「エキナカ」ビジネス、現在「エキュート」という商業施設などを運営していますが、あの始まりは上野なんですよ。「エキナカ」という言葉が日常的に使われるようになりましたが、上野駅に商業施設「アトレ」を開業したことが始まりなんです。「アトレ」自体は恵比寿をはじめいろいろありますが、エキナカのビジネスとして始めたのは上野駅からです。２００２年にアトレ上野、そして、２０１０年にエキュート上野が開業しました。駅が電車に乗降するだけの「通過する駅」から「集う駅」へ変貌していく、そうした新しいビジネスの始まりの地も上野でした。

上野で新しいビジネスにチャレンジしようと思った一番の理由は。

東京駅はビジネスの中心にある駅ですが、上野駅は年末のアメ横の光景に象徴されるように、お客さまの日常生活を強く惹きつける駅です。従って通勤通学のお客さまはもちろん、さまざまな目的で上野駅をご利用になるお客さまがいらっしゃって、駅とその周辺エリアが一体となった商業空間ができるという考え方でした。

実は、山手線って駅ごとに顔があるんですよ。東京駅はビジネス街と皇居があるエリア、渋谷はＩＴのまち、新宿はエンターテインメントのまち、というように。上野というのは歴史と文化の集積地として過去からの伝統を強く感じさせますが、一方で、明治初期に内国勧業博覧会が開催されたことに象徴されるように、そこから未来やイノベーションを起こしたエリアでもありました。

高架下につながるまちの面白さ

上野エリアには多くのインバウンドが訪れている。課題や戦略は。

先ほど申し上げたように、上野は、ある意味で日本の過去と現在を感じさせてくれるまち。しかもウォーカブルなまち、歩くまちなんですね。そういう意味でインバウンドのお客さまには非常に多くの訴求するものがあるのではないでしょうか。私たちにとっては日常ですが、インバウンドのお客さまに魅力的な飲食店もあるし、少し歩くと谷根千のような古き良き日本を感じさせてくれるようなまち並みや商店もある。浅草エリアも含め、全体的にウォーカブルなまちだと思います。また、下町の温かい人情に溢れるまちでもあります。その真ん中に上野駅がある。そういうような位置付けだと考えています。

谷根千エリアに関しては、ＪＲ日暮里駅が入口としてあるが、どういう印象があるか。

先日も谷根千エリアを歩きましたが、あの周辺は空襲の際に焼夷弾が落ちなかったから戦前の東京が残っています。要するに「昭和」が残っているんですね。谷根千に限りませんが、こうしたまち並みの風景が、後継者の問題等でどんどん虫食い状態になっていくのは非常に寂しいですね。

谷根千エリアや上野エリアは高層ビルが少なく、空が広がっているのも特徴の一つ。かつて上野駅に高層化計画があったが、どのように評価しているか。

国鉄民営化から間もない１９８７年に上野駅を建て替えて高層ビルを建設する計画がありましたが、いろいろな理由で計画は実行されませんでした。私は、自分が勤めていたということもあるかもしれませんが、今の上野の風景が好きです。

特に、アメ横に代表される高架下の飲食店が上野駅の一つの価値を決めているのではないかと思っています。アメ横の皆さんとお話をする機会がありますが、本当に共存共栄なんですよね。上野のエキナカにショッピングエリアを作った時にも「お客さまが囲まれちやって、アメ横が寂しくなるんじゃないか」って言われたのですが、その時に私の先輩が「そんなことはなくて、人が集まれば駅から絶対に人が流れていきますよ」って申し上げたんです。実際、そうなりましたね。

有楽町や新橋、上野など、ＪＲの高架下にまちが広がっている場所は面白い。再開発せず、今のまち並みを残したことは、実は、未来につながっていたのかもしれない。

そうなんですね。ただ単に高架下の空間を空けておくのではなくて、まちと一体化した空間として開発することで、お客さまの流れもできてきます。まさに元祖ウォーカブルなまちをアメ横は象徴しています。御徒町《おかちまち》サイドから訪れて上野駅で帰るお客さまもいれば、その逆もいる。アメ横は取り扱っている商品もエキナカとは違うので、駅と一体となって楽しいお買い物や飲食の空間になっているのではないでしょうか。

最後に、谷根千も含めた広域の上野エリアについてメッセージを。

上野というのは、山手線のエリアの中でも文化や伝統、下町の人情、さらにエンターテインメント性など、日本の良さや楽しさを感じさせるエリアなので、これを大切にしたい。地域の方々と一緒に、どうやって守っていくのか。我々の事業活動を通じてどうやって守っていくのかということをぜひ地域と一緒になって考えていきたいと思っています。

たとえば上野駅舎は1932（昭和7）年の建築ですが、独特の重厚感がありますね。駅そのものが観光資源になります。2023年に東京藝術大学と包括連携協定を締結しましたが、駅を若いアーティストの発表の場にするとか、駅から美術や音楽といったアートの発信をしていきたいと考えています。もともと上野駅が開業した当時、舞台を作ってピアノやジャズの演奏をしていたのですが、ああいう取り組みを復活させてもいいですね。また、上野駅の中央コンコースの改札には猪熊弦一郎の絵画や朝倉文夫の彫刻もあるし、いろいろなアートがあります。谷根千の玄関口である日暮里駅含め、もっと文化的な雰囲気を感じさせるような取り組みがここからスタートできたらと考えています。

まだまだインバウンドのお客さまも含め、日本人にも知られていない魅力がたくさんあるエリアなので、それらを発掘して、地域の皆さまと磨き上げ、国内外に向けて発信をしていく。単に古いものを守っていくということではなくて、そこに不断のイノベーションを加えることで、上野のバリュー（価値）をインターナショナルなバリューにしていきたいと思っています。

1927（昭和２）年、上野－浅草間で日本最初の地下鉄が開業したときの上野駅。東京メトロ提供。

2　メトロはまちの地下1階　山村明義

回遊性を高める試みを

1927（昭和2）年、上野─浅草間で東洋初の地下鉄が誕生。上野と浅草は、日本の地下鉄発祥の地ともいえる。その上野に本社を持つ東京地下鉄（東京メトロ）の山村明義社長から見た、上野や谷根千エリアの印象を聞いてみた。

東京メトロにとってみれば、上野は祖業の地。関東大震災の復興の最中の1925（大正14）年に着工したのですから、資金や資材手配など大変な苦労があったと思います。当時、上野と浅草は日本有数の繁華街であり、そこに路線を引こうと考えたのが「地下鉄の父」として知られる早川徳次さん（1881〜1942）。東京メトロの創始者です。

早川さんは、ロンドンで初めて地下鉄を目の当たりにし、東京にも地下鉄が絶対に必要だと確信しました。当時の東京は路面電車が走っていましたが、既にギュウギュウでこれから先はより地上が混雑してくるであろうという時代だったんです。早川さんには先見の明があったんですね。そして苦労の末に東洋初の地下鉄を誕生させるのですが、いずれにしても上野は東京メトロにとって経営の原点、事業の出発点として、非常に重要なところです。

最初に開通したのは銀座線ですが、上野は、銀座線と日比谷線が走っています。両線を通じて関東のさまざまなエリア、広域な郊外とつながっています。それゆえに、この両線を使って四方八方から人が集まってくる。北の玄関口であるＪＲの上野駅からも東北はじめたくさんの人が訪れていますが、いろいろな人が集まる活力あふれる土地柄が上野だと考えています。

一方、谷根千と呼ばれるエリアには、根津と千駄木に千代田線の駅がある他、西日暮里駅は谷中に通じています。このエリアは、レトロなまち並みやお寺や猫という、何となくのどかというか、ゆとりというか、少しゆったりした時間が流れていますね。上野周辺とはまた違った魅力というか、落ち着いた江戸から昭和にかけての風情や情緒を感じます。それぞれのエリアが持つ個性を大切に活かしつつ、駅を中心に、上野と谷根千エリアの回遊性をもっと高める価値の創出ができたらと思っています。

上野・谷根千エリアには、国内外から多くの観光客が訪れているが、このエリアの何が観光客の訪問意欲を駆り立てるのか。

上野エリアの財産は、やはり上野公園。上野公園にはいろいろな美術館があり、博物館、動物園もあります。さらに、緑が多く、憩いの水辺である不忍池もあります。文化芸術が集積し、豊かな自然を感じられるのが魅力ですね。その一方で、これまたちょっといかがわしいというか不思議な活力があるアメ横といったゾーンもあります。インバウンドも国内旅行者も非常に多い観光の地ですが、多様な面を持っているからこそ、多くの人を集める吸引力があるのだと思います。

谷根千エリアの魅力は「ウォーカブル」と「緑」というキーワードで挙げられると思います。考えてみると、東京は再開発でどんどん高層ビルが建っていますが、高層ビルが立ち並ぶ中では味わえない人間らしさというか、そんな雰囲気を谷中や根津、千駄木エリアは持っていますよね。自然との共生とか人とまちの融合が上野や谷根千エリアが持っている魅力だと思います。

一方、特にインバウンドを中心にオーバーツーリズムの課題も挙がっている。

地下鉄全体で言えば、インバウンドはコロナ前、あるいはコロナ前以上ぐらいに戻っています。特に銀座線の利用者は非常に多いような気がしますが、全路線の運輸収入の大体1パーセントぐらい、定期外収入の2パーセント程度ぐらいがインバウンドで、もっと乗っていただいているような気はするものの重要な存在だと思っています。

交通事業者としては、まちも列車も非常に大きな荷物を持って何人かのグループで移動されている方が多いようですので、そういう意味で駅構内や周辺の情報などの案内をもっと充実させて、ご移動をスムーズにしていかなければいけないと思っています。特にスカイライナーを使ってかなり多くのインバウンドが来られるので、上野には旅客案内所を設けて複数言語で対応できる人たちを配してご案内をしています。

回遊性を高めて分散を図るのも、オーバーツーリズム対策の一つになります。最近はメジャーな観光スポットだけでなく、インターネットを使っていろいろな情報が得られやすくなっています。この前の花見シーズンでも、定番の上野公園はもちろんですが、日本人も知らないような神田川の桜並木のところに多くの外国人観光客が訪れていました。観光客のニーズも多様化していますし、いろいろなスポットの魅力を発掘し、いろいろな視点でご案内していくのも大事なことだと考えています。

また、特に外国人の方に対してですが、チケットの入手や利用法がわかりにくいという課題も挙がっています。こちらに関しては、より手軽にチケットが利用できるように、ご自身のクレジットカードを改札機にタッチすれば改札内に入れるタッチ決済を導入しようとしています。それも一つのバリアフリーというか、シームレスにつながっていくのではないかと期待しています。

ハード面のみならずソフト面についても同様です。「東京２０２０オリンピック・パラリンピック競技大会」を機に、多くの駅員や乗務員が英語をはじめとした多言語の学習を始めたのですが、言葉のバリアを取り除いていく取り組みも大事だと思っています。

駅とまちをシームレスに、ウォーカブルに

東京都心部の一番の特徴を挙げるとすれば、まったく車を使わず、山手線の内側エリアを公共の交通機関のみで自由に移動できる点。都心部を縦横無尽に走るメトロの役割は大きい。

先ほどの東京メトロの生みの親である早川徳次さんの話に戻るようですが、東京のまちはモータリゼーションが来る前に、ある程度幹線鉄道の骨格ができ、郊外鉄道もできました。そこにまさに都心への受け皿として、山手線の内側に地下鉄を縦横に作っていくというのが大きく功を奏し、駅を中心にまちが形成されてきたといえます。それによって、鉄道とまちの関係が決定付けられたと思いますが、私はもっとこの関係性を強めていくことが、東京の強みにつながることだと思っています。

たとえば、2023年7月に日比谷線虎ノ門ヒルズ駅という新駅が本開業しましたが、あの駅は周辺の建物や広場と直接つながっています。大手町駅も日本橋駅も、同様に駅とまちが直結しています。こうした地下の通路を歩きながらそのまままちに深く入っていけるようなシームレスなエリアをどんどん形成していきたいと思っています。それが、東京の強みをさらに磨き上げることにつながるし、移動のしやすさや防災、バリアフリーという観点でも、東京のまちの価値をさらに高めるのではないかと考えています。

地下鉄の駅として最初に開通した上野駅は、地上のまちとほぼシームレスにつながっている。

階段をちょっと上がればすぐ出られますからね。必然的に後発の地下鉄はどんどん深くなっていきますが。２０１７年に銀座線が90周年を迎えましたが、このタイミングを目指して銀座線全体をリニューアルすることにしました。リニューアルした際のテーマは「まちの地下1階」でした。まさに銀座線の強みは、地上との相性の良さにありますからね。リニューアルを機に、改札口の内外に商業施設も充実させていますが、駅を利用する人たちに利便性の高いサービスを提供する取り組みはこれからも続けていきたいと思っています。

上野―浅草間は、地下鉄が初めて開業した当時（あるいは江戸時代）から戦前にかけて、東京一賑わいのあるエリアだった。当時に比べ今は上野―浅草エリアの一体感は薄れているような気がするが、上野を軸とした線や面の結び方をどう考えるか。

東京メトロは２０２７年に100周年を迎えます。上野と浅草の間を結ぶ銀座線が開通して100周年ということですから、このエリアをターゲットに絞った企画に取り組んでいきたいと思っています。

上野から浅草にかけての連続性についてですが、確かに、銀座線の上野から浅草の間にある稲荷町や田原町とのつながりは昔ほどないように感じています。そこで、その連続性を高める企画の一つとして、地上と地下を結んで駅から歩けるウォーカブルなまちという取り組みを、東京都や地元台東区と連携してできないかと考えているところです。また、台東区とは2024年3月に包括連携協定を締結しましたが、区のコミュニティバスと連携した企画もできるのではないかと思っています。ウォーカブルと二次交通。点と点を線で結び、さらに面としての魅力を高めていくような企画を考えているところです。

浅草や上野、谷根千エリアは、日本有数の職人のまち。かっぱ橋道具街の包丁をはじめとした料理道具に多くの外国人観光客が注目し、日本人の匠《たくみ》の技が再評価されている。また、谷中を中心に古民家や寺などが連なるまち並みは、外国人や若い世代に注目され、人気を集めている。

大きな開発を行わずあまり変えなかったことが、今やインバウンドや若い人たちの興味を引いているようですね。そういった既存の空間が持っている良さは、どんどん引き出していくといいと思っています。一方で、防災上の問題にも力を入れておく必要があります。木造家屋の耐震性・火災対策・劣化対策については、たとえば私が以前理事をしていた

「日本ナショナルトラスト」が保有する千駄木にある木造家屋「旧安田楠雄邸」において、家屋の佇まいを活かしたまま交換や復元をした実績があります。修復費用はかかりますが、国の補助や容積率の売買等によって捻出することも可能だと考えています。

鉄道事業者の視点から、上野・谷根千エリアが東京の中でさらに強みを発揮できるにはどうしたらいいか。

このエリアは、文化芸術だけでなく、食やアメ横に象徴されるように、人々の欲求を満たしてくれる魅力を持っています。ノーブルさと雑多さ。この両方を兼ね備えたまちの魅力を追求し、おでかけの価値を創出していくことが鉄道事業者にとって重要なことだと思います。

コロナ禍でテレワークが浸透し、定期券の利用者も2割程度減りました。このような時代において、わざわざ地下鉄に乗って外に出てきたいという機運をいかに醸成していくか。それはまちの活性化にもつながっていくことだと思いますので、地元の方々と連携しつつ、いろいろなニーズに沿った展開を図っていきたいと思っています。

第6章 学校がすごい

日比野克彦
東京藝術大学学長、アーティスト

東京藝術大学のレンガ造の正門は1914（大正３）年頃に造られた。現在の姿は正門再生工事Ⅲ期を経て2022年３月に完成したもの。東京藝術大学提供。

70〜80年代の東京、そして上野

上野の大学、といえば、日本の芸術教育の頂点に君臨する、東京藝術大学である。芸術は、最も価値を生むコア・コンピタンス（他者に真似のできない力）として注目され続けている。一方で、芸術＝アートは、日々の暮らしやまち並みのクオリティを上げてくれる、人々にとって最も身近な技術＝アートでもある。

かつて、藝大は上野という土地に混ざっていなかった。そう振り返るのは、現代美術の最先端を走ってきた東京藝大の学長、日比野克彦さんだ。時代が流れ、21世紀、藝大生を指導するようになった時、日比野さんは上野のまちの日常に注目する。これからの芸術は、100万人に1人の天才の所業だけではない。社会に普遍的に貢献できる「術」でもある。藝大は、藝大生は、上野のまちをどうバージョンアップするのか。日比野さんの構想が明かされる。

東京藝術大学の学生だった頃、僕は上野を「時間が止まっている」場所だと思っていました。過去の作品が並ぶ上野公園の美術館や博物館は現代とは関係がない存在のようで、あまり足が向きませんでした。学んでいる藝大も、伝統が重く感じられて、同じ志を持っている仲間たちと共に早く卒業して現代社会と向き合っていきたい気持ちでした。

当時1980年代の僕を引き付けたのは、渋谷、青山あたりでした。当時の上野や浅草といったエリアは、親世代以上のシニア層が行くイメージがあり、大学の友達と一緒に行く飲食店やアメ横以外は、ほとんど足を運ぶことはありませんでした。

でも、30歳代半ばで教員として東京藝大に戻り地域に向き合うと、上野の杜の文化的な空間と厚みが多くのアーティストを育み、羽ばたかせたことがよくわかりました。そのアーティストたちを支えてきたのが、歴史ある谷根千のまちだということも見えてきました。

東京のまちも様相が変わりました。一時期は西側へ傾いた東京の軸線が、江東区に東京都現代美術館（1995年開館）、墨田区に東京スカイツリー（2012年開業）ができて、東へ動いてきた感があります。歴史や文化の薫りを求め、上野公園や谷根千地区を訪れたり、散策を楽しんだりする人も、国内外を問わずぐんと増えています。

今の僕は東京藝大の学長として、上野・谷根千エリアを盛り上げる側に回っています。それは職務からの義務感ではなく、大きな可能性と奥深さをこの地域に感じているからです。

2023年4月に、大学内に社会の中でアートが果たせる役割を見直す「芸術未来研究場」を立ち上げました。ここでは多様性を認め合える社会の実現に向け、さまざまな社会課題にアートがどう絡んでいけるかを探る実験と実践を行います。誰でも出入りできる「場」づくりを目指して研究「場」と名付け、地元の住民にも親しまれる場所にできればと思っています。

上野公園北西端にキャンパスがある東京藝術大学は、約140年の歴史がある国立総合芸術大学だ。1887（明治20）年に創立された前身の東京美術学校と東京音楽学校を統合して、第二次世界大戦後の1949（昭和24）年に設立された。これまで美術と音楽の両分野で日本を代表する優れたアーティストを輩出してきている。

その東京藝大の学長に2022年に就任した日比野さんは、1958（昭和33）年岐阜市生まれ。大学在学中から段ボールなど身近な素材を用いた先鋭的な作品で名を馳せ、2000年代以降は垣根を越えてさまざまな人々が協働するアートプロジェクトに力を注ぐ。実力と実績、知名度を兼ね備えた、日本のトップアーティストの一人だ。

国内外のさまざまな地域を駆け回り、上野を盛り上げるキーパーソンの一人でもある日比野さんに、まず自分と東京のまちとの関わりを振り返ってもらった。

僕が初めて上野に来たのは小学生の時です。台東区の根岸に父のおばの家があって、父に連れられて上京するとよく遊びに行っていました。都内の名所をあちこち回って、上野は国立西洋美術館などに行った記憶があります。

1977年に東京に出て、多摩美術大学グラフィックデザイン科に通い始めました。現役の時に藝大の美術学部デザイン科も受験しましたが、1年目は落ちて、翌年に同じ学科を再受験しました。当時は共通一次試験が始まる前で、願書を送るだけで国立大学を受験できたので、1年後に受け直す学生は結構多かったんです。

藝大の合格発表で自分の番号を見つけて、まず向かったのは上野から近い根岸のおばさんの家でした。その頃は携帯電話もなかったし、公衆電話で親に報告するのも味気ない気がして。「合格した」と言うとおばさんは喜んでくれて、家の電話から実家に連絡してもらいました。僕はと言えば、おばさんが親父と話してる間にフラリとどこかに行ってしまって、後で「受話器を代わろうとしたら、もうあなたはいなかったね」と言われました(笑)。

上京後、多摩美で過ごした最初の1年は八王子に住みました。1年後に東京藝大に入学し上野のキャンパスに通うようになってから国立に引っ越して、大学院修了までの6年間住み続けました。社会人になってからの住まいは吉祥寺、次いで六本木へ移りました。

自分の経験から思うのですが、上京後にどの地域に居住するかは、その人がどちらの方向から来たか、どの場所から東京暮らしを始めたかが、かなり影響するんじゃないでしょうか。僕は、最初の住まいが多摩美のある八王子でしたから、中央線を東上して段々と都心に近付いた感じです。東京藝大の学生がJR上野駅を通る京浜東北線沿線にアパートを探す時も、埼玉方面か、逆に神奈川方面にするかは、どっちが実家に近いかが決め手になる気がします。長野県出身の友人は、都内の山が見える地域に住んでいるし、そういう動物的な帰巣本能が人間はある気がしますね。

僕は学生時代はずっと中央線沿線に住んで、あちこちに友達がいましたから、上野からの帰りは高円寺や阿佐ヶ谷、新宿などで降りてよく飲んでいました。多摩美時代の仲間がいる八王子や西八王子に行くこともありました。家に戻る前に途中下車して、明け方まで友達と遊んで朝帰りなんてこともざらにありました。

僕が知っている1980年代前半の上野界隈は、今のようにきれいではなくて、ホームレスの人が住むブルーシートの家が、東京都美術館の裏から東京国立博物館の前あたりまで立ち並び、不忍池の周辺にもたくさんありました。もちろんパンダ橋（上野駅の東西を行き来できる自由通路、2000年竣工）はまだなく、山を下りるとアメヤ横丁には米軍の放出物資が並んでいた昔の面影がありました。

よく覚えているのは、上野を歩いているといろいろな勧誘の声を掛けられたことです。多かったのは自衛隊の入隊勧誘で、「飛行機に乗れるぞ」と何回も声を掛けられました。妙なチケットや品物を売りつけようとする人もいました。ある時、動物園で動物をデッサンする授業があり、開園前の門前でゲートが開くのを待っていたら、お巡りさんに「どこから出てきたの?」と聞かれました。きっと家出少年に間違われたんですね。

70年代後半から80年代初頭までの上野駅は、東北新幹線(1982年開業)が通る前で、東北方面から上京した人たちの終着駅という性格が色濃くありました。そうした人は、まず上野公園の周辺を訪れることが多かったようです。

当時の僕は大学以外で上野に来ることはほとんどありませんでした。周囲の同世代も大体似た感じで、大学以外だとアメ横にヘインズのTシャツやリーバイスのジーンズといった流行《はや》りのアメリカンカジュアルの服を買いに行く時ぐらいしか、上野のまちには来なかった人が多いのではないですか。

最近は、若い人の「伝統回帰」が言われ、浴衣を着ての花火大会デートや、桜の季節は花見が大人気です。でも80年代はそうした空気は薄くて、若者に人気だった遊びはビリヤードとかボウリング、スキー。僕も学生時代に、上野公園で花見をした記憶がありません。花火や花見を楽しむのは年配の人に任せて、自分たちはもっと新しいことをやろうという感じでした。

上野を出て取手へ、現場へ

日比野さんが世に出たきっかけは、パルコが主催し1980年に始まった「日本グラフィック展」。東京藝大大学院1年生だった1982年に同展で大賞に選ばれ、他にも受賞を重ねた。大量消費社会の中で普及した段ボールを使ったポップな造形が広く支持され、「時代の寵児」と呼ばれる存在に。テレビ番組の司会を務めるなど領域横断的に活動し、若者文化の浸透にも一役買った。

バブル景気の80年代、日本のアートシーンを牽引したのは西武百貨店、パルコ、伊勢丹などの流通系企業だった。西武百貨店や伊勢丹傘下の美術館は従来の美術とは異なる「アート」の展覧会をひんぱんに開催し、都市型商業施設のパルコは刺激的なキャンペーンを次々と打って広告文化をリードした。自分の「ホーム」のような渋谷、原宿、六本木。都市の中で若い世代がアート、音楽、演劇、ストリートカルチャーを発信するムーブメントの真っ只中に日比野さんはいた。

世界のアート動向も変化期にあった。既存の美学を見直すポストモダニズムが台頭し、

「ニュー・ウェーブ」と呼ばれる表現主義的な潮流が各国に生まれた。その日本における旗手と目された日比野さんは、発表の場も国内にとどまらず、海外へ広がった。

母校の東京藝大の助教授（当時）に招かれ、上野に戻ったのは1995年秋。日本は経済失速によるいわゆる「失われた10年」の最中にあり、年初から阪神淡路大震災（1月17日）、地下鉄サリン事件（3月20日）が立て続けに起きていた。同年イタリアで開催された国際的なアートの祭典「ヴェネチア・ビエンナーレ」に参加した日比野さんの出品作は、日本の社会の不安を掬《すく》い取るように、顔が見えない赤ん坊やガスマスクが段ボールに描かれた。

東京藝大に戻って最初の4年間は、自分も学んだデザイン学科で学生たちを教えました。藝大が茨城県取手市に新しいキャンパスを1991年に開設し、1999年には、そこに新設された先端芸術表現科の教員として移りました。

先端芸術表現科は、絵画や彫刻といった既存の枠組みを抜け出し、変化する社会やテクノロジーにも応答する、メディア横断的な表現の探求と人材育成を目的に開設されました。ベたに言うと「何でもあり」の学科ですから、良くも悪くも「場の力」が強すぎる上野ではなく、新しくできた取手キャンパスに設置されて良かったと思います。開設当初の先端芸術表現科の教員は、川俣正さん、藤幡正樹さん、佐藤時啓さん、渡辺好明さんと僕の計5人で、「表現の新時代を築いていこう」という雰囲気がありました。

ちなみに東京藝大は、上野と取手の他、横浜市、北千住(東京都足立区)の計4カ所にキャンパスがあります。利根川のほとりに広い敷地がある取手キャンパスは、美術学部2年以上の先端芸術表現科と大学院の一部が設置されています。横浜キャンパスは大学院映像研究科、千住キャンパスには音楽学部音楽環境創造科と大学院の一部が置かれています。

僕は取手キャンパスを拠点にしていましたが、よく学生たちを自分の現場に連れて行きました。もともと藝大に戻る時、「学生たちに社会の現場での体験を!!」と大学側に要請されていましたしね。まあ、藝大を飛び出してあちこちにいたということです。

たとえば2001年に、東京・広尾にあったFUMIYART GALLERYで日比野ゼミの学生たちとインターネットドラマを共同制作しました。FUMIYARTは歌手の藤井フミヤさんが作ったギャラリーで、そこから当時普及し始めたインターネットを使って毎週ライブ配信したんです。取手から午後3時くらいに学生たちが広尾に来て、私が台本とクロマキーで合成する背景の絵を描き、学生が役者、音楽映像配信を行い、夕方5時から放映することを1カ月ほどやりました。

2000年に俳優の奥田瑛二さんの初監督映画「少女」(2001年公開)の美術監督を

務めました。その時は、愛知県瀬戸市あたりのロケ現場に学科の1期生数人と共に赴き、映画美術の仕事を体験しました。まだ先端芸術表現科のカリキュラムが固まっていない時期でしたから、学生たちに何をどう教えるかを試行錯誤していました。

つながりの「種」を蒔くアート

2000年頃、日比野さんは制作活動の転機を迎えていた。人と人をつなぐアートプロジェクトの手法の開発と実施に取り組み、地域の住民と対話を重ねて作り上げていくアートプロジェクトやワークショップの実現に奔走するようになったのだ。この20年間に考案し、さまざまな地域で展開してきたプロジェクトの種類は20を超す。

代表作「明後日《あさって》朝顔プロジェクト」は、朝顔の栽培を通じて人々や地域の関係を育むことを目指している。小中学生と住民が一緒に土づくりや種蒔き、水やりに取り組み、夏に花を咲かせた朝顔は、秋になると種ができる。思い出が詰まった種は、その地で翌年また育てられ、日本各地に渡っていく。

初めて明後日朝顔プロジェクトを行ったのは、2003年に開催された国際芸術祭「大

地の芸術祭　越後妻有アートトリエンナーレ」です。同芸術祭は2000年に第1回が行われ、僕は総合ディレクターの北川フラムさんに第2回から呼ばれて、新潟県松代町莇《あざみ》平《ひら》（現十日町市莇平）で「明後日新聞社文化事業部」というプロジェクトを行いました。莇平は、高齢者が人口の半数以上を占める場所。僕が提案したプロジェクトは、廃校を新聞社の社屋に見立てて、地域の人たちと協働した手作り新聞を発行しながら、朝顔を共働し育成していくという内容で、現在まで続いています。

でも最初、実施前の説明会で集落の人たちに趣旨を話したら、「ここに新聞社を作るとか、アートとか難しいなあ……」という感じで住民にドン引きされました。困ったなと思って、現地のお母さんたちとお茶を飲みながら何か一緒にできることを相談するうちに、「じゃあ、朝顔でも育ててみる?」と言われて、動き出したのが朝顔プロジェクトです。

山間部の集落に入って、そこに住む一人一人と知り合い、話し合いながら一緒に朝顔を育てて、新聞を共同制作しました。その後、関係性の構築を重視するアートプロジェクトに本格的に取り組み、その延長でまちづくり・地域づくりを目指そうという自分の活動の原点になりました。

さまざまなアートプロジェクトの企画と実践を通じ、人と人、人と地域のつながりを生む「種」を蒔く人となった日比野さん。２０１０年代以降、再び上野と密接に関わるようになった。

東京都美術館のリニューアル・オープンに際して同館と東京藝大が連携する「とびらプロジェクト」が２０１２年にスタートしました。藝大側の代表教員は僕がなって、その活動で上野にいる時間が増えました。とびらプロジェクトは、一般公募で集まった「アート・コミュニケータ」（愛称・とびラー）が作品と人、人と人をつなぐさまざまな活動を行い、アートを媒介にしたコミュニティの形成を図るものです。藝大は専門家を派遣して仕組みづくりや運営に携わっています。

２０１３年には、当時の藝大学長の宮田亮平さん（金工作家、元文化庁長官）を発起人に、藝大を含め上野公園にある13施設が参画する「上野文化の杜」が始動しました。これは東京２０２０オリンピック・パラリンピック開催を機に、施設間の壁を取り払って国際芸術都市ＵＥＮＯの魅力向上に取り組み、総合的に情報も発信していこうという構想です。僕は、社会包括をテーマにした施設連携イベント「ＵＥＮＯＹＥＳ（ウエノイエス）」の総合プロデューサーを２年間務め、また一般の人を対象に行ったフォーラムでアートにおけるダイバーシティ（多様性）について話すなどしました。

振り返ると、都美術館のとびらプロジェクトと上野文化の杜が始まった2010年代から上野にある文化施設に連携への意識が芽生えたように思います。上野文化の杜が主導して、2019年に上野地区にある文化施設の共通入場パス「UENO WELCOME PASSPORT」の発売が始まり、訪れる人の利便性が高まりました。また、都美術館と東京藝術大学が子供を対象に実施しているプログラム「Museum Start あいうえの」は、他施設との連携が活発です。たとえば、その日のお題がタンチョウヅル（丹頂鶴）なら、子供たちはアート・コミュニケータと一緒に上野動物園を訪れて実物を見たり、東京国立博物館で鶴が描かれた屛風を鑑賞したりします。

上野の杜は、動物園や美術館、科学博物館など扱う領域が異なる文化施設がトータルに揃っていることが大きな特徴です。その利点をアピールするユニークな活動が今後さらに生まれてほしいと思います。

2016年に僕は東京藝大美術学部の学部長になりました。それまでは取手キャンパスと行き来していたのですが、その頃から上野ベースになりました。

アートが社会でできること

日比野さんの東京藝大学長就任のニュースは、一部で驚きをもって迎えられた。それまでの歴代学長は日本画の平山郁夫氏、バイオリンの澤和樹氏といったアカデミックな領域の専門家が多かったからだ。初のデザイン科出身で、新しい分野の先端芸術表現科で教え、ヘアスタイルは長髪。型破りな大学トップが登場した。

学長になった日比野さんは、「東京藝大の使命は、さまざまな社会課題に貢献できる人材を育成すること」と明言。医療や福祉、テクノロジー分野との連携や関係する企業・団体との協業に取り組んでいる。

自ら主導して2017年に開講したのが「アート×福祉」をテーマにした東京藝大の履修証明プログラム「Diversity on the Arts Project」（通称：DOOR）。同プログラムは学校教育法に基づく「履修証明制度」に則って大学が持つ専門知を社会に開くもので、DOORでは社会人と藝大生が1年かけて共に学ぶ。授業は、「障がい」「貧困」「LGBTQ」など、現代社会をより広い視点でとらえ直す多様な分野の専門家を講師に招き、講義やディスカッションに加えて、ワークショップや演習も多数用意している。

ＤＯＯＲは今年8期目を迎えました。社会人の受講者は100人ほどで、それに選択科目として履修する藝大生が20人ほど加わっています。社会人受講生の職業やバックグラウンドは、ビジネスマンや主婦、介護福祉士、教員など多種多様です。藝大生も、絵画や音楽、映像などさまざまな学科の学生が集まって、卒業後にＤＯＯＲの助手やスタッフになった人もいます。多様な年齢と属性の人が混じり合い、お互いに価値観を更新しながら一緒に学ぶ1年間は非常に密度が濃いと思います。

福祉というと、アートと縁遠く感じる人もいるかもしれません。でもアプローチは違っても、どちらも多様性を重視する姿勢は共通しています。

たとえば、ここに目が見えない人がいるとします。福祉はその人に寄り添い、不自由を乗り越えられるように手助けや働きかけを行います。一方、アートは「目が見えない世界」を想像することに重きを置き、目が不自由なことを「障がい」でなくその人の「らしさ＝特性」として受け入れます。また福祉の世界では近年、介護者による一方向のケアではない、双方向のコミュニケーションの大切さが指摘されています。そうした関係性の構築もアートが得意とする領域です。

社会的な課題は人間の行動変容によって生じ、解決するためには一人一人の行動を変えていく必要があります。でも、それぞれの心の底から湧き出る気持ちが行動にならなければ持続しません。多様性を認め、その中に身を置くＤＯＯＲは、人間の心を動かすアートを媒介に、より互いを尊重し合える社会を構築するにはどうすれば良いかを考える実践的な教育の場です。

今、大学は、文部科学省が主に社会人を対象にした「履修証明制度」を推奨しているように、生涯教育機関としての機能向上が求められています。本学ではＤＯＯＲだけでなく、アートを社会とつなぐ「キュレーション」を専門とする東京藝大キュレーション教育センターが一般の人に講座を公開するなど充実に努めています。

なぜ生涯教育が必要かと言うと、従来の高校や大学を卒業すれば十分という考え方では、複雑化する現代社会に対応できる人材が育たないからです。学ぶ側も、教養を身につけるというより、社会に出た自分の「生きるチカラ」になる知識や知らなかった価値観を求めて大学にやってきます。東京藝大は、全国の芸術系大学の旗振り役として、多様なものの見方を促すアートを媒介にした生涯教育に力を入れていきます。

藝大に隣接した上野桜木に、最初に話した「芸術未来研究場」の拠点ができて、ＤＯＯＲの授業の一部もそちらで行います。新しい拠点で「明後日朝顔プロジェクト」を始めたいと思い、先日は朝顔の種をＤＯＯＲの受講生たちと一緒にご近所に配ってきました。周囲は民家の前に盆栽の鉢がずらっと並び、花や植物好きな住民は多いようですから、一緒に朝顔を育てることで藝大との間にコミュニケーションが生まれてほしいと願っています。

地域に開き、住民とつながる

アート関連の施設が集まる自然豊かな上野の杜にキャンパスがあり、江戸以来の歴史が息づく谷根千のまちにも隣接する東京藝大。さらに、同じ国立大学である東京大学本郷キャンパスも徒歩圏内にある。日比野さんは、未来へ向けた地域のまちづくりのために、どんな種をこの地に蒔き、どのような花を咲かせたいと考えているのだろうか？

目に見えるものでは今度、藝大のキャンパスに新しく「東門」ができます。場所は、東京国立博物館が所管する黒田記念館（洋画家・黒田清輝の顕彰施設）と国際子ども図書館の間です。前を走る道路は上野の杜を南北に貫いていますが、普段は通る人が少なくて閑散としています。そこが動線として活気づくようなイベントを東京藝大が旗を振ってやりたいと考えています。

本来なら大学のキャンパスは垣根なしに出入りできて、学生たちが学ぶ姿や活動を身近に感じてもらうのが理想的です。でも昨今のセキュリティ事情もあり、東京藝大はキャンパスを完全には開放していません。併設の東京藝術大学大学美術館は展覧会開催時期であれば自由に鑑賞でき、正木門からは誰でも入れて藝大生の作品を購入できる入場無料の「アートプラザ」が学内にありますが、目的がないと入りづらいかもしれません。

キャンパスの完全開放は無理でも、音楽学部と美術学部の間にある道路を、週末だけでも遊歩道にしてアートマーケットなどを開催することは可能でしょう。現在、二つの学部はそれぞれの校門の前にある横断歩道でつながっていて、その場所以外はガードレールが続き敷地が分断されています。東京2020オリンピック・パラリンピックの時に、試しに車の通行を止めて歩行者に道路を開放する話が一時進みましたが、コロナ禍が起きて叶いませんでした。この道路が遊歩道になれば、上野公園から谷根千方面へ向かう人の流れが自然にできて、エリアの回遊性と魅力が増すと思います。いつかぜひ実現したいですね。

藝大と隣り合う寛永寺は、上野にとって大きな存在です。寛永寺は、徳川家康・秀忠・家光の三代の将軍が帰依した天海大僧正が1625（寛永2）年に開山した天台宗の名刹で、徳川家15人の将軍のうち6人が眠る霊廟があります。明治維新以前は上野の山の全体を領有していて、藝大の敷地もかつての境内地です。

その寛永寺と東京藝大は、2022年に連携協定を締結しました。2025年に寛永寺が創建400周年を迎えるに当たり、本格的に交流を進め、連携して地域が活気づくようなプロジェクトを実施していきます。たとえば寛永寺運営の幼稚園の子供たちを対象に、藝大の美術教育の教員がワークショップを行うとか、大学が持つ専門知やスキルの提供も考えています。

2023年に都内で開催された国際芸術祭「東京ビエンナーレ2023」に僕は作家として参加して、寛永寺の境内の中庭に段ボールによるインスタレーション作品を展示させてもらいました。その時に痛切に感じたのは、歴史ある寛永寺の空間が持つ「場」としての強さです。若いアーティストが「場」から学べるものは非常に多い。連携協定の締結を機に、学生たちが心を動かす「場」を体験できて創造性を発揮できるプログラムを上野の地域性と共に作りたいと考えています。

谷根千をはじめ地域の住民との連携は、社会との連携を実践していきたい現代のアートにとって魅力的です。藝大の取手キャンパスは、大学が自治体・住民とタッグを組み、若者の創作活動を支援し市民が芸術に触れる機会を創出する通年型プロジェクトやイベントを継続して行っています。その一環で2018年に始まった取手キャンパス内にある「藝大食堂」は、規格外とされ流通しなかった地元産野菜を使った学食を提供します。食堂は学生や教職員だけでなく一般の人も利用でき、地産地消の取り組みが地元で好評です。

しかし取手と谷根千では、地域の条件や環境がまったく異なります。取手の中心部は市街地ですが、少し離れると農地が多い田園地帯が広がっています。谷根千エリアは都心にあり、三つの自治体（台東、文京、荒川区）にまたがって、宗派が異なる寺院が並ぶ寺町や山手の住宅街、下町の香り漂う界隈など各町の性格もさまざまです。地域連携は、住民のライフスタイルや要望に合わないと難しいので方法を熟考する必要があります。

ケアとアートに関する学びに特化して藝大が開講したＤＯＯＲは、まち中の上野に拠点がありますから、いろいろなことができるのではないでしょうか。今年はＤＯＯＲの授業のフィールドワークは一部を谷根千地区で行い、映像の授業では谷中の寺院を紹介するドキュメンタリー映像を制作します。地域の人との交流を目指す朝顔プロジェクトも始まりました。少しずつ実践を重ねて、ＤＯＯＲの存在も地元で認識していってもらえればと思います。

未来構想的な可能性として考えられるのは、ＤＯＯＲの社会教育機能をさらに充実・拡充して、極端に言えば大学院レベルの規模にして、学習の成果や活動を谷根千のまち全体に還元していくことです。志がある人は、ＤＯＯＲで学ぶ期間だけではなく、履修後に福祉や介護などの現場に入り、地域と長期的に関わってから「卒業」する。そうした人材育成を藝大の新しい役割として、地域と共創していく。大学的には本当に大改革ですが、挑戦する価値はあります。

　東京大学本郷キャンパスは、上野から距離的に近く、これまでに東京藝大とは学生・研究室間の交流なども行われました。でも残念ながら、継続した活動はそれほどなく、まだ連携関係は薄いのが現状です。両キャンパスの中間地点あたりに共同研究が行えるインキュベーション施設ができれば、両大学の専門性を融合した成果が挙がり、ＡＩ時代などに対応した人材育成にも対応できるはずです。

　ところで東京藝大は意外に小さい大学で、上野キャンパスの学生数は約３３００人。人数自体が少ないから、上野公園に学生が散らばると、あっという間に存在が薄まります。東大との連携施設が実現したら、本郷・上野・谷根千全体にカレッジタウンとしてまとまりが生まれて、エリア全体の特色やパワーが増すと思うのですが。

　想像と要望を膨らませたついでに言ってしまうと、いま上野キャンパスは「学食問題」を抱えています。数年前まで美術学部に「大浦食堂」、音楽学部に「キャッスル」の二つの食堂があって学生・教職員に愛されていました。それが運営者の高齢化に伴い両店とも閉店して、国立大学だから次の運営者は公募入札で決まったんですが、美術学部の方の業者は今年撤退しました。うちの学食は、学内の人数が少なくて、学生が食べるのは基本昼食だけ、夏季・冬季休暇もあるしで、事業者は営業的に非常にやりにくいんです。

近隣に学生向けの価格も手頃な飲食店はほとんどないし。先日、言問通りのコンビニに昼頃に行ったら、レジに並ぶ藝大生で長蛇の列ができていました。大勢のランチ難民が発生中で、何とかしないといけないんです。

それで考えたんですが、地域の方に力を貸していただけないかと。たとえば、谷根千のお父さんお母さん方に賄い方みたいに来てもらって昼食の定食を100食くらい作ってもらうとか、手作りのオニギリ弁当を学内で販売するとか。各ご家庭で何食分か準備していただいて、学生たちは事前予約して家まで食べに伺うとか。食と胃袋を通じた地域連携です。食品衛生法の問題などいろいろと課題はあるけれど、やりようはきっとあると思うんですね。

美術学部の校門前に毎日キッチンカーが来て、コーヒーを販売していますが、見ていると学生が販売スタッフとよく喋《しゃべ》っているんですよ。学生たちはきっと、友達でもない教員でもない外部の人と話がしたいんじゃないでしょうか。僕も身に覚えがあるけれど、学食の人と顔馴染みになって「あなた、この料理好きでしょ」「おばちゃん、今日はお洒落だね」とか言い合える関係性があることは、精神の健康状態を保つうえで結構必要なんです。

芸術で上野を面白く

自分が思い描く上野と東京藝大の「未来構想」を語ってくれた日比野さん。話しながら次々とアイディアが飛び出した。限界を設けず想像し、実現に向けて力いっぱい動く。それが、日比野さんの「生きるチカラ」の源泉に思えてくる。

最後に質問した。学長として東京藝大生には、どのような人になってほしいですか？

これまで芸術家は社会から切り離された存在で、自分だけの関心を追求していると考えられがちでした。そのイメージは広く社会に浸透していて、人気の漫画やアニメ作品に描かれるキャラクターは従来型の芸術家像がしばしば踏襲されています。教育する側も、学生の100人に1人、いや1000人に1人かな、トップアーティスト・クリエイターが出ればいいという気風がありました。

でも、僕はそうした芸術家の在り方には限界があると考えています。こうした考え方が続く限り、「芸術では食べられない」という価値観が広がって、子供は芸術系大学への進学をためらったり、親が受験に反対したりといったことが起きます。そんな傾向が強まったら、社会にとって必要なアートに対する理解はますます深まらず、さらに悪循環が生まれてしまいます。

だから僕が考える東京藝大の役割は、社会に貢献できる人材を育成し、輩出していくことです。子供が藝大を受験したいと言ったら、周りの大人が「社会の役に立つことができるし、アートは世の中を幸せにするし、みんな応援するよ」と祝福する。そんな教育機関になれるといい。

芸術は、企業であれコミュニティであれ、絶対に役立つと僕は信じています。一人一人の違いを認めるのがアートの大きな特性で、多様性がある社会や地域、組織づくりの原動力になれます。芸術は、世の中を変えることができるし、社会とつながってそれに取り組める学生を育てていきたいですね。

40年前に上野公園や母校を「時が止まっている」と感じた「段ボール小僧」は、歳月と経験を重ねて、今ふたたび上野の地に立っている。

長年既成の価値観と違うところで自分はガチャガチャと動いてきたから、変化はまったく怖くない。とは言っても、歴史と伝統がある大学を実際に変えようとすると、難しい部分がたくさんあります。それでも、組織を動かす立場になった以上は、「東京藝大があるから世の中が変わった」と言われるように全力を尽くすつもりです。

学生時代の僕は「早く上野から飛び出そう」と思っていました。その昔の自分が、今の僕にささやくんですよ。「じゃあ、お前が面白くしろよ、上野を」ってね。

第7章

すごい上野を未来に

建築家
隈 研吾

1917（大正６）年撮影、不忍池に浮かぶ弁天社。毎日新聞社提供。

台地と斜地、川沿いの谷の魅力

海岸の崖に着想を得たスコットランドの V&A Dundee（ビクトリア&アルバート博物館分館、2018年）、武蔵野の台地から隆起した巨石のような角川武蔵野ミュージアム（2020年）、ランドスケープと建物を一体化させた東京科学大学の Hisao & Hiroko Taki Plaza（2020年）。世界30カ国を超える国で建築を設計してきた隈研吾さんは、地形を読む達人だ。場所との対話から、その魅力を引き出し、景観と調和した「人と自然」や「人と人」、「まちと環境」がつながる建築を作り上げてきた。

そんな隈さんが「東京の地形の魅力が詰まっている」と断言するのが上野公園・谷根千（谷中・根津・千駄木）地区だ。行政も巻き込んだ民間委員会「上野公園・谷根千を世界一の観光スポットとして磨き上げる特区に！」の委員長を務め、エリア全体の再生構想を練っている。世界を飛び回る建築家が語る、上野の魅力と課題、これからの展望に耳を傾けよう。

上野公園と谷根千（谷中・根津・千駄木）地区は、日本でも稀有な地形的な組み合わせに恵まれた場所です。山谷が多いのは東京の地形の魅力ですが、それを圧倒的に代表する場所がこのエリアだと言えます。

具体的に説明すると、まず水量豊かな不忍池があり、北側に僕たちが「山」と呼ぶ公園がある上野の台地が広がり、そのへリの岬のような場所に寛永寺が建っています。谷根千地区がある西側は、上野台地と本郷台地に挟まれた谷あいの低地帯に当たり、寺社や伝統的な木造住宅が多く、入り組んだ路地が走って昔から続くまち並みが残っています。

つまり山あり谷ありで、自然が豊かで、気持ちが良い水辺もある。さまざまな国で建築を設計してきましたが、上野公園・谷根千のように限られた範囲の中で地形に豊かな変化があり、かつまちごとに雰囲気が変わる地域は他にあまり思い当たりません。

凸凹した地形は東京の特徴ですが、そもそも僕が作る建築は傾斜地や川沿い、水辺など、ちょっとユニークな地形の場所が多いんですね。都内ですと、南青山のパイナップルケーキの店のサニーヒルズ（2013年）は渋谷川の小流域の斜面だし、国立競技場（2019年）も渋谷川流域にあります。

川沿いの谷と台地のへリに当たる斜地には「建築を消す」ような不思議な性質があって、それに僕は惹かれるし、クライアントの方もそれを感じて仕事を依頼してくださるのかもしれません。

そうした視点から見ると、今の上野公園は地形の利点を生かし切れていません。一番気になるのは、さまざまなレベルの「分断」です。たとえば、不忍池の西側には横山大観記念館のように立派な日本家屋が建っていますが、不忍通りを挟んでいるため、池との関係は完全に切れています。木造建築と池は歴史的にも関係が深く、つながれば素晴らしい景観が作りだせるのに、非常にもったいない状態です。

ここに限らず、車が走る道路が園内と周辺の分断を進めてしまい、本来の上野の良さが伝わらないどころか、むしろマイナスになっています。まず根本的に園内の動線を「人間優先」へと変え、再編成すれば見違えるように魅力が増すと思います。

彰義隊と大久保利通の上野

観光名所としての上野の起源は、江戸初期の1625（寛永2）年の東叡山寛永寺の創建に遡る。徳川第二代将軍秀忠が土地と資金を寄進し、天海大僧正が国家平安のため江戸城の鬼門（北東）に当たる上野の地に建立した寛永寺は、将軍家の菩提寺としても崇敬された巨大寺院だった。最盛期の境内は現在の上野公園全域に及び、参詣や物見遊山、花見を楽しむ人々で賑わった。

幕藩体制瓦解後に境内地は官有化され、1876（明治9）年に日本初の西洋式都市公園である上野公園が開園した。園内では3回にわたり、外国の最新技術や国内特産品を紹介する内国勧業博覧会が開催され、多くの人を引き寄せた。1882（明治15）年に東京国立博物館の前身の博物館、1887（明治20）年には東京藝術大学の前身である東京美術学校が開設され、日本の文化芸術を発信する中心地としての礎が作られた。

上野公園の誕生に際して、大きな役割を果たしたのは明治時代の元勲・大久保利通です。大久保は、岩倉具視が団長を務めた「岩倉使節団」の一員として、伊藤博文らと共に1871〜73（明治4〜6）年に欧米を視察しました。その時に一つの公園を中心として博物館や美術館、動物園が集まる場所が文化ゾーンだということを彼らは学んだんですね。帰国後、それを上野に作ろうと考え、初代内務卿になった自分の力を使って、まず1882（明治15）年に博物館と動物園が開設されました。

今思うと、大久保の直感、決断は本当にすごい。彼の発想の延長線上に、さまざまな文化施設が集積されていき、今の上野公園が作り上げられたわけですから。現在園内と周辺に8つの博物館・美術館・動物園、東京文化会館、東京藝術大学、国際子ども図書館があります。世界的にも、これだけ多くの文化施設が集まっているエリアは非常に稀です。

では、なぜ大久保が上野に注目したかを考えると、やはり不忍池を含んだ上野の山そのものに可能性を感じたからだと思うんです。ヨーロッパで美術館など文化施設の配置を見ると、特異な地形をうまく生かしているケースが多く、それも学習したんじゃないでしょうか。

シャイヨー宮自体の建設は大久保らの欧米視察後ですが、建築博物館や人類博物館が入るパリのトロカデロ、シャイヨー宮、エッフェル塔周辺のランドスケープは、上野公園に近い感じがします。湾曲した双翼の建物が特徴のシャイヨー宮は丘の上にあり、その前はなだらかな斜面になってセーヌ川を挟んだ真正面にエッフェル塔がそびえています。非常に強い軸線を感じさせ、文化の核を連想させる配置です。

大久保らの欧米視察は、セーヌ県知事ジョルジュ・オスマンによるパリ改造が終わった頃です。オスマンは中世以来の狭い道が入り組んだパリの整備事業を推し進め、東西南北に延びる大通りや広場を中心とする放射線状の道路、公園がある近代都市に生まれ変わらせました。大久保は、オスマンが引いた軸線が実体化した様子を見ているはずで、皆がそれに感嘆したという記録も残っていますから、都市計画やランドスケープには軸線が重要だと認識していたのは間違いない。上野にももともと寛永寺の参道という、ある種の軸線が残っていて、現在も園内の道に使われています。

ただ、大久保のように大きな視野に立ってまちづくりを行う政治家は、その後の日本にほとんど現れませんでした。文化のリーダーは民間人が主役になり、都市計画や都市の再開発を担うのも民間が主体になりました。それはそれで良い面もありますが、せっかく明治時代に大久保たちが良い先例を作ったのに、それが完全に途切れてしまったのは惜しい気がします。

上野公園は近代建築の宝庫でもありますね。世界文化遺産に指定されたル・コルビュジエ設計の国立西洋美術館は言わずもがな、渡辺仁による帝冠様式の東京国立博物館本館、前川國男設計の東京文化会館と東京都美術館など、各時代の名作が揃っています。

園内の建築では、僕は吉田五十八が手がけた日本芸術院が特に好きですね。東京文化会館に隣接した一等地にあるんですが、平屋建てに平安朝風の中庭や回廊がある非常に控えめで、ローシルエットな建築です。芸術院は、フランスならアカデミーで権威がありますから、あちらの建築家なら絶対に高さを抑えたりしないでしょう。それをあえて平たく作ったところに、吉田五十八の文化や権威に対する、ある種日本的な考え方がうかがえて、面白いと思います。

一方で上野の山は、幕末に彰義隊が立てこもり、明治新政府軍と激戦を繰り広げた地でもありました。江戸城が無血開城して政権移行が行われた中で、市街地では唯一血が流れた場所だと言えます。戦いは半日で終わりましたが、上野の山は伽藍を含めてほぼ丸焼けとなり、寛永寺は彰義隊に与したと咎められて境内地を没収されました。いわば旧徳川体制の栄華と血に塗《まみ》れた場所に、新時代を象徴するように作られたのが上野公園なんですね。

こうした歴史は、現在の上野公園では見えにくくなっています。明治時代に彰義隊は「朝敵」とされたので、死者は慰霊されることなく、積極的に語り伝える人も少なく、上野戦争の記憶は薄れていきました。とはいえ、現在も園内や周辺を注意しながら歩くとあちこちに江戸時代の遺構や名残の風物が見られて、この場所の歴史的な重層性、奥行きを感じてもらえると思います。

土地の起伏が多様性のある文化に

谷根千地区にも、江戸時代に形作られたまちの骨格が残っている。寛永寺創建を機に寺院が多数建立されて寺町となった谷中。根津神社の門前町として賑わい、職人が多く暮らした根津。その職人たちが出入りする武家屋敷が立ち並んでいた千駄木。個性あるまちが集まった谷根千地区は、関東大震災（1923年）による家屋倒壊や火災、太平洋戦争時の空襲被害も限定的だったため、昔から続くまち並みが残された。

山上の上野公園をアップエリアとすれば、斜面や谷地に広がる谷根千地区はダウンエリアに当たります。国立・公立の博物館・美術館といった公的施設と、住民が日常生活を営む昔ながらの下町的なエリアが近接しているところも、この一帯の大きな魅力です。

土地が起伏に富んだ東京は、実は地形上の差異、対立が文化的な棲み分けや都市計画に反映され、それによって多様性がある文化が醸成されてきました。その地形の文化性とも呼ぶべき特質がなくなったら、東京ではないと僕は思います。その最高のお手本が上野公園と谷根千地区なんですが、その良さが現在ではまったく生かされず、地形と無関係に開発が進行しているように感じます。

20世紀を象徴した建物は超高層ビルでしたが、時代は大きく変わり、今は自然と歴史が体感できる場が求められています。上野公園・谷根千エリアは、東京の中で自然と歴史が滑らかにつながっている非常に魅力的な場所です。不忍池を中心とした上野公園はニューヨークのセントラルパークに負けないほど自然が豊かで、谷根千の道を歩けばタイムスリップして、ニューヨークのダウンタウンとは比較にならないほど深い歴史の中に入り込んだような気分になれる。この貴重な財産を継承し生かすのは、現代の僕らの責務だと思います。

「つなぐ」がキーワードのグランドデザイン

神奈川県に生まれ、「緑が多く里山のような」という大倉山（横浜市港北区）で育った隈さん。上野とのファーストコンタクトはどのようなものだったのだろうか。

小学生の時、親父に東京のいろいろな場所に連れて行かれて、その一つが上野公園でした。１９６０年代の上野駅周辺は戦後の匂いが残り、子供の眼に暗く映ってちょっと怖い場所でした。鉄骨むき出しの渋い駅舎を降りて山を登っていき、前川國男設計の東京文化会館やル・コルビュジエの国立西洋美術館を見た記憶があります。

多分親父は僕に西洋のモダニズム建築を見せようとしたのだと思います。結果的に、やはり父に連れて行かれた丹下健三設計の代々木競技場（国立屋内総合競技場）に感銘を受けて、僕は建築家を志すことになりました。

毎年暮れには、上野公園と対照的に下町的なアメ横にも父と一緒に行きました。アメ横は戦後闇市があり、今と同じように食料品も売っていましたが、その頃は米軍放出品やアメリカ製の衣料、雑貨を扱う店が増えて異世界のようでした。ル・コルビュジエが設計した西洋建築と無国籍的で猥雑なアメ横をセットで見ると、めちゃくちゃインパクトがありましたね。

その時に、面白い場所だという印象がインプットされて、大学時代は課題設計の敷地に上野の山を選んだことがありますし、その関心が現在まで続いている気がします。

現在の上野公園・谷根千の魅力を継承し、より磨き上げるためにはどうすれば良いのか。さまざまな地域でまちづくりに携わってきた隈さんが、その経験と知見を基に作成したのが全体構想「谷中、根津、千駄木、上野地区グランドデザイン２０２３」だ。

核となるキーワードは「つなぐ」。地域ごとに「くらしと歴史をつなぐ」（谷根千エリア）、「池とまちをつなぐ」（不忍池エリア）、「文化をつなぐ」（上野文化の杜）、「丘の上下をつなぐ」（上野駅周辺エリア）とテーマを設定。現在、不具合が生じているさまざまな「分断」を解消し、地域をグレードアップするための方策を提案している。

「つなぐ」をキーワードに挙げたのは、人と人、人とまち、まちとまちの間に立ちふさがる障壁を極力減らして分断を解消し、滑らかに関係性を架ける状態に持っていくことが現代におけるまちづくりの大きなポイントだと思うからです。

上野公園に関して言えば、やはり大きな問題は動線です。先ほど不忍通りが池と西側の木造建築の関係を断ち切っている例を挙げましたが、ここに限らず、園内のあちこちに中途半端に車道があり、利用者の利便性と景観を損ねています。かなりドラスチックな改造が必要だと考えています。

たとえば、東京国立博物館は正門前に道路が走っているので、訪れる人はいちいち横断歩道を渡る必要があり、噴水がある広場とも切り離されて視覚的な統合感を薄めています。同じ道路が東京藝術大学の美術学部と音楽学部の間を分断し、美術学部と東京都美術館の敷地の間にも車道があります。歩道と車道を分けるため設置されている防護柵も美しくありません。

思い切って園内の車道をすべてやめ、全域をウォーカブルエリアにしたらどうでしょうか。訪れる人はもっと気持ちよく歩けるようになり、道路上の柵も撤廃されて景観も格段に良くなります。園内がシームレスにつながれば各施設間の連携や協働もしやすくなり、開放された道路のスペースを使ったプロジェクトや催しもできます。

噴水がある広場やさくら通りの下に、地下空間を作る手もありますね。パリのルーヴル美術館の「ガラスのピラミッド」を設計したイオ・ミン・ペイが地下に作った「カルーセル・デュ・ルーヴル」は、約1万平方メートルの広さにギャラリーやショッピングセンターが入り、美術館と地下鉄駅をつなげています。こうした空間ができれば、さまざまな用途に使えますし、美術館や博物館、動物園が地下部分でもつながってエリア全体の一体感が高まります。

池とまちが分断されている不忍池エリアは、幹線道路の不忍通りは通行止めにできませんが、池の横を走る部分を地下化することは可能です。ボストンのビッグ・ディグと呼ばれた計画は、道路の地下化によってボストンの印象を一新しました。車が通る道路を埋めて、一帯を自由に歩き回れるエリアにすれば、公園全体の雰囲気が随分変わると思います。

上野は巨大な回遊式庭園

グランドデザインは、今の問題点を解決するだけでなく、未来と過去を見据えた上で総合的な青写真を描くことが肝要だ。隈さんが考える上野公園・谷根千地区の理想像はどのようなものだろうか。

僕には、上野公園は巨大な日本庭園に見えるんですね。池があり、山があり、多種多様な建造物や寺社があって、それらを巡る散策路がある。構造自体に、グリッドと同心円を基本として広がるヨーロッパの幾何学的、人工的なアーバン・デザインとは違う、庭園的でやさしい性質があって、それが面白い。やはり、もともとが寛永寺の境内だったこともあるのでしょうか。

だから、僕がリ・デザインするとしたら不忍池を中心にした回遊式庭園を意識します。上野公園だけでなく、谷根千エリアを含めて、山や谷がある巨大な日本庭園だと考えれば、いろいろな可能性が出てくるし、地域全体のイメージが一新すると思います。

隣接しているけれども、上野公園と谷根千地区は雰囲気がまったく異なり、同じエリアでもまちごとに個性があります。上野公園には、古今東西のアートと出会える美術館、歴史や自然科学の世界へ導く博物館、世界中の動物が見られる動物園、クラシック音楽やオペラの殿堂的な東京文化会館があります。常に新しいものと古いものが併存してきた場所で、多くの日本人にとり西洋文化への入口でもありました。

山を下りていくと、長年「東北の玄関口」だった上野駅には海外へ通じる成田スカイアクセスが走り、買い物客で賑わう下町のアメヤ横丁は、かつてはアメリカの商品を復員兵が売っていた場所でもありましたし、西洋美術館は西欧文化のミュージアムでした。古い歴史を持つ上野のまちは、違う世界や異文化ともつながれる重層性を持っているんですね。

一方谷根千エリアは、観光地として見ると上野公園とまた違う魅力があります。たとえば東京屈指の寺町である谷中。非常に日本的なお寺の集積地ですが、各寺院の建物は概して屋根が低めで、江戸時代に築造された築地塀以外は塀などもあまりありません。住宅も多いまち並みに、寺や霊園が溶け込んで素晴らしいランドスケープになっています。

僕は親戚の墓が谷中霊園にあったので、子供の時によく行き、なんてのんびりして気持ちの良い場所だろうと思っていました。緩やかな傾斜地で周囲に高い建物がないので、霊園にも寺院にもたっぷりと日が差して、全然暗くないし、お墓だらけなのに怖くもない。歩くと空が広く感じられて、本当に気持ちがいいんです。

谷中では寺と霊園と住宅が等価的に隣り合い、「ハレ」と「ケ」が自然に混ざり合っています。墓地をネガティブに捉えずに、自分たちが暮らす日常空間と一続きのものとして受け入れて来た先人の知恵を感じますね。寺院や墓地が明るく、聖性を保ちながらも外に開いている谷中の感じは、京都にもなく、海外からの観光客にも魅力的に映るでしょう。ぜひ守っていきたい風景です。

旧藍染川沿いに伸びている根津は、入り組んだ細い路地に軒先に花の鉢を並べた住宅が並び、下町の情緒にあふれています。以前は、もっと木造住宅が多かったのですが、代替わりのためか減少し、ワンルームマンション風の建物が増えているようです。相続税の問題を含め、政治が抜本的な手立てを講じないと、こうした昔から続くまち並みは軒並み東京から姿を消してしまいます。
根津で僕は今から20年近く前に、築100年以上の石蔵を改装した店舗を設計しました。根津駅から徒歩数分にある釜揚げうどん専門店「釜竹」です。この店のように古い建物をリノベーションした飲食店や雑貨店は最近大人気で、まちの賑わい創出に貢献しています。ぜひ今後も増えてほしいですね。ただ、谷根千は基本的に住宅地ですから、観光客が増えすぎるとオーバーツーリズムの問題が生じて、総合的で戦略的な対策を講じる必要が出てくるでしょう。

隈さんが提案する上野公園・谷根千地区のグランドデザインには、新たな建物はほぼない。ただ、一つだけ例外がある。かつて谷中霊園にあった天王寺五重塔の再建だ。1644（寛永21）年に建造され、一度焼失したが再建されて、幸田露伴の小説『五重塔』のモデルになった。関東大震災や戦災を潜り抜けた貴重な文化財だったが、1957（昭和32）年に放火で惜しくも焼失し、現在は礎石のみが残っている。

往時の写真を見ると、とても優美な姿をした塔です。僕もそうだけれど、五重塔はどこか日本人の心に訴えかける気がしませんか？　地域のシンボルとして復元できれば、歴史が積層した地にふさわしい、素晴らしい風景が生まれます。建設費は寄付やクラウドファンディングで募れば、地元だけでなく、社会全体の関心も高まります。

正直、この地域は新しくて目立つ建築をどんどん作るような場所ではありません。かつて日本の建築は、敷地や周囲の環境が主役で、建物は地形や自然を引き立てるいわば脇役でした。目立たない建築が、良い建築だったのです。反対にモダニズム建築は、場所の特性と建築を切り離し、目立つ建築をどこでも実現できたため世界中で用いられる手法になりました。初期モダニズムの建築家で、１９３０年代に日本を訪れて京都の桂離宮を絶賛したのがドイツ出身の有名なブルーノ・タウトです。

タウトは、質素な木造の桂離宮に特別な魅力を与えているのは庭園との関係性だと見抜き、日本の目立たない建築の本質を国内外へ発信して大反響を呼びました。よく彼は桂離宮の美しさを「発見」したと言われます。でも僕は、元来「庭」として既に国内では評価されていた桂離宮を、「建築」に転換して見直したのがタウトだと思います。

上野公園は、先ほど言ったように巨大な回遊式庭園に見立てられます。ランドスケープとしての日本庭園の美しさをこの地に復興できれば、世界に向けた文化的アピールになります。それには、新しいハコを作る必要はないと思うんですね。

ただ個別に見ると、バージョンアップが必要だと感じる施設はあります。たとえば、年以上の歴史を持つ上野動物園は、起伏に富んだ立地が生かされていなくて、もったいなく感じます。敷地の高低差を利用して全方位的に動物を見られるようにしている旭山動物園（北海道旭川市）など、最新の展示手法を取り入れた世界中の動物園と比べると、どうしても見劣りがします。

地形を主役に公園全体をリ・デザインするなら、ぜひ僕に動物園を担当させていただきたいですね。日本庭園の知恵を生かした動物園なんてカッコいいと思いませんか？ 目の前の不忍池も取り込んだりすれば、世界で唯一無二の個性を持った動物園にできると思います。

若い「知」「技」「美」が集う場に

不忍池の西側には東京大学本郷キャンパスがある。上野公園から徒歩数分の近さで、地形的に見ると谷底を流れる旧藍染川を挟んだ右側の丘に上野公園が、左側の丘に東大が位置する。

隈さんは、同大工学部建築学科と大学院で学び、２０２０年まで12年間教授を務めた（現・名誉教授、特別教授）。東大生にとって、上野はどのような存在なのだろうか。

学生時代、近くにもかかわらず不忍池を意識したことはなかったですね。学内に三四郎池とか、ちょっと変わった歴史を感じさせる場所がありましたから、むしろそちらに地形と文化の関連性の面白さを見出していました。子供の頃の記憶で上野は印象に残っていましたが、大学の頃は時々展覧会を見に行くくらいでした。

ただ考えると、昔の東大で教えた教授や卒業生は、今よりも上野を意識していたのではないかと思います。夏目漱石は英国留学から帰国後、上野に近い千駄木に住み、東京帝国大学（東大の前身）で英文学を教えました。今の東大医学部を卒業した森鷗外は、千駄木に「観潮楼」と名付けた自宅を建て、現在その場所に文京区立森鷗外記念館があります。

上野の東京藝術大学は、国内唯一の国立総合芸術大学です。東大は距離的にも近く、連携した研究や活動がもっと行われていいはずですが、ほとんど関係がありません。この「分断」が、日本の文化的エネルギーをかなり削いでいる気がします。

僕が東大で教わった建築史家の故・鈴木博之教授は、『東京の地霊』という本を書くくらい、東京の場所性には敏感な方でしたが、東大と藝大の建築学科は合併するべきだというのが持論でした。鈴木さんも、現在の分断状態に対して、同じような問題意識があったのかもしれません。

最新テクノロジーを活用したデジタルアート作品を制作し、世界中で大人気のチームラボのオフィスは、周囲に大学や専門学校が多い千代田区神田小川町にあります。場所の選択が非常にうまいですね。チームラボのようにシステムやコンテンツ開発が肝要な組織は、優秀な学生が集まっている立地も非常に大事ですから。

東大が近く、藝大もあり、御茶ノ水や神田からも遠くない上野には、先端を行く若い「知」「技」「美」が集まりやすい条件が揃っています。地元に優秀な人材が大勢いるのですから、専門が異なる若者がつながり、協働して新しいビジネスやモノ・コトを生み出せるインキュベーション施設をぜひ上野公園・谷根千エリアに作ってほしいと思います。わざわざ新しい建物を作る必要はありません。空き家など、既存の建物をリノベーションして活用すればいいのではないでしょうか。

驚異的なスピードでスクラップ&ビルドが繰り返され、わずか数年のうちに風景が変わる東京。現在も「100年に1度」と言われる大規模再開発の真っ只中にあり、2023年は森ビルによる複合施設「麻布台ヒルズ」が港区に誕生し、ターミナル駅の渋谷・新宿駅は大改造が進んでいる。明治神宮外苑のように再開発による環境破壊が懸念され、論争が起きているケースもある。

さまざまな条例や規制に守られた上野公園と周囲の谷根千エリアは、そうした大型都市再開発のストーリーから取り残されてきました。結果的にそれが良かった。おかげで、豊かな自然や昔からのまち並みが残り、それらは今や計り知れないほどの価値があります。

上野公園・谷根千エリアは、おそらく東京で唯一、あまり風景が変わらなかった地域でした。その変わらなかったことの魅力をポジティブに捉え、磨き上げて、ぜひ世界に向けて発信していきたい。僕が考える「生きた日本庭園」としての上野の物語は、きっと役に立つと思います。

終章

『上野がすごい』をまとめたわけ

株式会社ＮＫＢ・株式会社ぐるなび
取締役会長・創業者
滝　久雄

「上野公園・谷根千を世界一の観光スポットとして磨き上げる特区に！」委員会を発足。2023年６月以降、隈研吾委員長をはじめとする12名の委員、関係省庁メンバーからなるタスクフォースを中心に議論を重ねる。

観光を日本の産業に

観光は日本に残された成長産業の一つです。失われた30年と言われるように停滞感のある日本において大きな可能性を持つ数少ない領域、それが観光であると私はとらえています。

ひと言で「観光は成長産業」と言われても、とても抽象的に聞こえるかもしれません。産業の大きな要素として私が考えるのは、雇用との関係です。やがてGDPに占める観光業の割合が高まれば、日本に必要不可欠な産業として先々の世代までの雇用を生み出します。また、安全保障を考える上でも観光は大きな意味を持ちます。日本に好印象を持つ外国人が増えていけば、国同士の緊張関係を市民社会が緩和することにもつながるでしょう。

世界には観光業が国民経済を支えているいわゆる観光立国がいくつもあります。観光資源の多くは、歴史や伝統が育んだ文化遺産です。和食はユネスコ無形文化遺産に登録されていますが、日本は食をはじめ素晴らしい文化遺産を十分に持っています。和食に限らず多様な文化が楽しめることは訪日外国人のリピート率向上にもつながると思っています。

しかし、観光を産業としてとらえる意識が乏しく、せっかくの文化遺産もただ守るということだけに専念しているように思えます。誇るべき歴史や文化を観光資源として徹底的に活用して収益を上げていく。その収益の一部を使ってさらに観光資源を磨き上げ、さらなる収益をつくっていく。そういう循環をカタチにしていくことで、世界を代表する観光立国になれるはずです。

自らの利益になる成長性のある産業という意識を国全体で共有できれば、きっと日本にも世界に誇れる観光業が実現できる。「上野公園・谷根千を世界一の観光スポットとして磨き上げる特区に！」の委員会を設立したのも、この本を企画したのも、そのことを多くの人たちと共有したいという願いからです。

なぜ、上野公園・谷根千なのか

私は、2023年6月、建築家・隈研吾さんをはじめ本書で紹介した上野や谷根千エリアにゆかりを持つ専門家や著名人、企業代表に声をかけ、日本の観光に関する放談会を実施しました。これが始まりでした。ここでのさまざまな意見交換を踏まえ、委員会を正式に発足しました。

「なぜ上野・谷根千なのですか」という質問をよく受けます。私がこのエリアに注目するようになったのは、いくつかの出会いからです。いろいろな人と出会い、いろいろな出来事について考える中で、上野公園と谷根千エリアが持っている大きなポテンシャルに気が付きました。それは、文化であり、歴史であり、地元住民の暮らしです。

以前、河合隼雄さんが文化庁長官をされていた頃、河合さんに「先生、観光って何ですかね」と聞いたことがあります。その時、河合さんは「滝君、観光って歴史だよ」とひと言仰いました。河合さんの言葉に、長い年月にわたって育まれてきた歴史や文化というものが絡んでいなければ、人の心を引きつける観光スポットにはならないと気づかされました。

ご存じの通り、上野公園エリアには多くの文化施設、ギャラリー、私設ミュージアムが集積し、豊かな緑と芸術的雰囲気で満ち溢れています。また谷根千エリアは関東大震災や太平洋戦争で被災を免れたことで、今では江戸時代から続く情緒と雰囲気を残す貴重な地域となっています。「観光は歴史だ」と言い切った河合さんの言葉通り、この歴史と文化と古くから続く街の佇まいを味わおうと、現在国内外から多くの人々が訪れていますが、こうした貴重な地域も、放っておくとオーバーツーリズムや都市化の波に飲み込まれ、摩耗し劣化していくのが現実です。

寛永寺の浦井正明貫首には、私が理事長を務めている公益財団法人日本交通文化協会が主催した座談会でお会いしました。その際は、東京国立博物館の藤原誠館長、公益財団法人日展理事長で文化庁長官や東京藝術大学の学長を務められた宮田亮平さん、寛永寺の天井画を描いた日本画家・手塚雄二さんと共に、上野公園や谷根千エリアについて語り合いました。皆さんのお話を聞けば聞くほど、このエリアが持っている価値について知ることになりました。

このエリアをお手本に

今、日本の観光スポットには大きな偏りがあって、そのためにオーバーツーリズムの問題も大きくなっています。しかし、京都や富士山だけでなく日本には訪れる価値のある場所がまだまだ数多くあります。私が注目するのは江戸時代の300藩の頃から続く、いわゆる日本各地のふるさとエリアです。それぞれの土地には歴史的な文化遺産があります。それらを磨き上げることで日本全国を訪れたいエリアに変えていく。「フランスの最も美しい村」構想に倣って「ニッポンの美しいふるさと300」を構築することもできそうです。

上野公園・谷根千はその代表的なエリアだと思います。ここを特区に位置付けて観光資源を磨き上げ、新しい観光のスタイルを確立し、それを成功モデルとして全国各地へ紹介していく。そういう期待を持って発足させた委員会です。

委員長に世界的な建築家である隈研吾さんを迎え、この地で活躍する東京藝術大学の学長や東京国立博物館の館長、ランドスケープのスペシャリスト、鉄道業界のトップにも参加してもらいました。

さらに、内閣府地方創生推進事務局長（当時）の市川篤志さんにも委員に就いてもらいました。これまでは行政が主体となって文化遺産を守ることに専念してきたことから、税制などさまざまな公的な制約が設けられています。しかし、それらが文化遺産を活用するにあたって大きな障壁となっていることも少なくありません。観光を重要な産業として確立するのだという新しい視点のもとで、障壁になる制度等は改善していくべきであり、その対応を速やかに行うためには国からの直接的な参加も欠かせない。そのように働きかけた結果、市川さんの参加となりました。その市川委員のもとで国の省庁を横断するタスクフォースができたことも、委員会の大きな特徴の一つに挙げられると思います。

２０２３年９月、２０２４年１月、同年６月の計３回にわたって委員会を実施。地元住民へのお披露目を兼ねた公開座談会も東京国立博物館で開催しました。今後も地元住民や自治体との連携を図りながらさらに具体的な議論を深め、産学官民が一体となって、観光と歴史、文化や暮らしを結びつける新しいモデルをこのエリアから発信していくことができたらと考えています。

日本はなかなか改革が進まない国であるという側面がありますが、誰もが同じ価値を見出し将来像を共有できた時は、一気に盛り上がるという側面もあります。そうした機運がこの委員会をきっかけに醸成できればと思っています。

私は、歴史や文化を知れば知るほど、上野公園・谷根千エリアは、日本人にも、日本に関心をもつ海外の人にも、世界でいちばん訪れたい場所になり得るという思いを強くしています。委員会につけた長い名称は、その確信をそのまま素直に表現したもので、それはきっと多くの人に共感してもらえることだと思っています。

行政区の垣根を越えて

「谷根千」という言葉は、地元出身の作家森まゆみさんらが地域雑誌「谷中・根津・千駄木」を発刊したことによって生まれました。行政区でいえば、谷中は台東区、根津と千駄木は文京区、日暮里の一部は荒川区ですが、生活者や観光客の視点ではつながったエリアです。また、東京都の管轄である上野公園には都立の美術館もあれば国立の美術館、博物館もありますが、どこが管轄しているミュージアムなのか普段意識する人はほとんどいないでしょう。大事なのは、生活者やそこを訪れる人たちの視点を生かすことです。行政区の垣根を越えて、点ではなく面として捉えれば、エリア全体の一体的な磨き上げがもっとできると私は考えています。

特に、制度やインフラなどハード面に関しては調整が難しく、区や都、国が同じ方向を目指して取り組まないと実現できないことがほとんどです。今回の委員会で、内閣府を中心に国土交通省、観光庁、文化庁、経済産業省の課長クラスが結集したタスクフォースを置いた理由もそこにあります。今後は、台東区や文京区、荒川区、東京都とも連携していきたいと思っていますが、縦割りでは解決できない問題が山積しているのです。

また、目の前の課題についてどの観点から考えるかによって、解決策は異なります。歴史的なまち並みを残すことは観光の面では良いことかもしれませんが、防災の面からは不安の声もあるでしょう。では、どうすれば防災と観光、そして住民の暮らしが守られるのか。それぞれの立場や視点で個別に考えていても解決策は見出せません。まずは、立場を超えた大きなビジョンを共有すること。それが大事だと私は考えています。

委員の方々はそれぞれの夢のビジョンを自由に語ってくれました。不忍池、上野動物園を含め上野公園一帯のリ・デザインについて、隈さんが語るプランを聞いたときにはワクワクとさせられました。皆川さんが披露する、暗渠となっている藍染川の水流を一部復元して消防水利として利用する案や、線路の上に新たな人工地盤を整備する案なども大賛成です。

私案——すぐにできるプランで価値観を共有

大きな夢のビジョンの一方で、皆の意識一つですぐにでもスタートできることもあります。上野公園・谷根千エリアに集積している歴史・文化資産を活かして、まずできることを私なりに考えました。一つ一つの小さなチャレンジと成功が、人々の意識の始まり、きっかけになることを期待して以下に紹介します。

《お寺の公開とトリエンナーレ開催》

上野から谷根千エリアにかけて、この地域には寺が70以上あり、ギャラリーを含む文化施設は50近くあります。そこで思いついた具体的なアイディアが、お寺を有料開放する企画です。観光客向けにお寺で体験修行ができる場を設けても面白いかもしれません。特に海外の人からは、座禅や寺の掃除、精進料理などは日本独自の文化として注目されるでしょう。「ぐるなび」が毎年末に発表する「今年の一皿」において２０２３年は、具材がふんだんに盛りつけられて華やかな見た目の「ご馳走おにぎり」が選ばれましたが、お寺ごとに多彩なおにぎりを提供するのも一案です。食を含む日本文化が体験できる場としてのお寺の公開。これらはお寺の経済基盤を支える企画としても有効なのではないかと思います。

次に、お寺や駅、ギャラリーを含む文化施設などで芸術作品を展示する、トリエンナーレの実施です。若いアーティストを育成するためにも、3年に一度、国際芸術祭を開催することの意義は大きいです。過去に上野公園のミュージアムと谷中界隈のギャラリーをアート企画でつなぐイベントが開催されていましたが、アートが地域住民に浸透している地域だからこそ、お寺や駅も巻き込んだユニークな企画が実現できるのではないかと考えます。

《ナイトミュージアムとパンダ橋ビアガーデン》

文化施設がこれほど集まっているのも、このエリアが持つ強みの一つです。このような地域は世界的にも珍しく、有効に活用すべきではないでしょうか。

観光立国・日本を目指す上でナイトライフの充実が大きな課題として挙がっていますが、上野公園や谷根千周辺の文化施設のほとんどが夜は閉館しています。仮にあのエリアのすべての文化施設が夜遅くまで開館した風景を想像してみてください。3分の1の十数カ所でも構いません。夜遅く（午後11時ごろ）まで開館していれば、仕事帰りの人も立ち寄れるし、人の流れは大きく変わります。周辺の飲食店とコラボした新たな企画なども生まれるかもしれません。

たとえば、上野駅のパンダ橋口から公園までをつなぐ歩行者専用の「パンダ橋」。大きな橋ですが、日差しを遮るものがないので、夏などは暑すぎて昼夜を問わず人通りがほとんどありません。このパンダ橋でビアガーデンを開催してはどうでしょうか。対象者を文化施設の半券を持った人のみにすれば、やみくもに人が集まり騒がしくなることはありません。アメ横や広小路方面の賑わいも増すでしょう。

ナイトライフを充実させることは、新たな雇用の創出にもつながります。夜の時間帯は、アートや歴史に造詣が深い方に研修を行い、ガイドとして働いてもらうこともできるでしょう。そういう人たちに平日の昼間とは違う楽しみ方を夜のミュージアムで提供してもらえたら、新しい目玉企画として注目されるかもしれません。

たとえばパリでは毎年6月に一夜限りの祝祭的な文化イベント「ニュイ・ブランシュ（白夜の意）」が開かれます。音や映像のインスタレーションからパフォーマンス、巨大な彫刻、展覧会まで、あらゆる形態の現代アートが、パリ中の文化施設、広場という広場、橋という橋、そして大小の庭園を使って紹介されます。人々は夕方から夜通しパリ中を巡って、インスタレーションなどの作品群を見て回るのです。パリ市長の提案で2002年に始まったこの文化イベントはすっかり定着していて、毎年、これを見に外国人を含め何十万人もの人がパリに詰めかけます。

パリのように徹夜で、とは言いませんが、グローバルスタンダードからすれば、ナイトライフの充実は避けて通れない課題の一つです。これは、何も大金をかけて取り組まなければ解決できないような問題ではありません。私が思うに、こういう形のナイトライフは規則や条例を少し緩和すれば、すぐに実現できます。

《エリアを象徴する五重塔の再建を》

最後に、これはソフトとハードの両面に関わるものですが、かつて谷中にあった天王寺の五重塔の再建です。

寛永寺の浦井貫首のお話にもあったとおり、天海が寛永寺を建てた頃、上野の山は人もほとんど住んでいない森が広がる土地でした。天海はそこに比叡山延暦寺に倣って東叡山寛永寺を建立。これを徳川家のためだけの寺にしたいと考える幕府と対立してまで、庶民に開かれた寺とすることにこだわりました。さらに、奈良の吉野から取り寄せて桜を植え、不忍池に紅白のハスを植え、江戸の庶民に楽しんでもらえる場所に変えていきました。天海は庶民のためであることを何よりも優先したのです。当時の感応寺、現在の天王寺に建てられた五重塔も、富くじなどで江戸の庶民に人気の場所になっていました。

長い間、谷中のシンボルとして親しまれてきたこの五重塔は残念ながら1957（昭和32）年に放火心中で焼失してしまい、現在は跡地に礎石のみが残っている状態です。過去に何度か再建の動きもあったと聞いていますが、この五重塔をぜひ再建させたい。

燃えてしまった五重塔は、関東大震災でも壊れませんでした。建築構造家の武藤清さんは研究する中で「柔構造理論」を思いつき、それが日本初の超高層ビル「霞が関ビル」の設計につながりました。つまり五重塔の再建は、この地域の文化や歴史を蘇らせるだけでなく、日本の技術力の素晴らしさを発信するシンボルになるのではないかと思うのです。

天海、大久保、そして……

大久保利通の業績についてあらためて勉強したことが、本書を企画するきっかけでした。明治維新から8年後の1876（明治9）年、日本初の西洋式都市公園として上野公園が開園し、翌1877（明治10）年にはここを会場に、第1回内国勧業博覧会が開催されました。これらの国家的事業を牽引《けんいん》したのが、初代内務卿大久保利通です。

明治維新まで日本には公園という概念がなく、ここは上野の山でした。しかし岩倉使節団の一員として1871（明治4）年から2年弱、米欧を視察した大久保利通は、公園を中心に博物館、動物園などを併設したものが文化ゾーンであること、そして文化ゾーンを都市の中心に持つことが先進的な文明国家であると学びました。帰国後、大久保はそれを上野の山に作ろうと考えたのです。

大久保は、鉄道立国・日本も構想しました。鉄道はいうならば全国津々浦々に血液を送る血管です。大久保は鉄道によって人や物や文化が全国を回遊することで産業が興り、富が生み出され、豊かな日本を実現できると考えたのです。3カ月にわたる勧業博覧会が終了した半年後の1878（明治11）年5月、大久保は志半ばで暗殺されましたが、世界に誇る日本の鉄道の礎を築き、文化と産業と鉄道を結び付けた人物でした。

私たちが取り組んでいる本プロジェクトは、大久保利通の夢の実現と言っていいかもしれません。大久保だけではありません。上野公園周辺は、明治維新前は徳川将軍家の菩提寺の一つ寛永寺の敷地でした。寛永寺を創建した僧・天海は、徳川家だけでなく庶民が楽しむ場でもある寺づくりを目指しました。

民に開かれた寺を目指した天海、世界に誇れる文化都市を目指した大久保、この2人が描いた夢の続きを追いかけてみたい。そのような使命感のもと、このプロジェクトに残りの人生をぶつける思いで向き合っています。

私の呼びかけに集まったメンバーは、ステレオタイプの日本の観光に限界を感じ、それを打破できる理想のモデルを示したいという思いを持つ人ばかりです。そんな彼らが描く未来像をこの一冊に記録したいと思いました。

実際に具現化していくとなると10年、20年、それ以上の年月がかかるテーマも少なくありません。次の世代、その先の世代が取り組んでいくものもあるでしょう。その未来においても、世界一のエリアをつくるためのグランドデザインの原型として、ここに記した内容が参考にされることを願っています。

おわりに

観光というテーマに関わりをもつようになったのは、１９７６（昭和51）年に公益財団法人日本交通文化協会の専務理事に就任したときからです。

同協会は１９４８（昭和23）年の設立当時から、パブリックアートの普及等を通じた日本の文化芸術の振興等とともに、定款に「交通、文化・芸術および観光などの分野において、国際的な視野をもって時代の要請に適った事業を行い、人々の情操の涵養に寄与することを目的とする」と明記して訪日観光客へ向けた取り組みも事業テーマに掲げてきました。毎年開催している交通総合文化展において「新日本観光写真」と題した写真部門を設け、新しい観光地、日本の知られざる観光地の写真を積極的に募集してきた目的も、国内だけでなく世界の旅行者も見据えた日本の魅力の発掘にあります。「観光は歴史」と語る河合隼雄さんとの出会いも、協会の活動のなかでのことでした。

そのような取り組みを続けるなか、2012年には初代観光庁長官を務めた本保芳明さんたちとともに、インバウンド拡大のためのプロモーション戦略の構築や人材を含めた受け入れ環境対策などを研究テーマに掲げて「インバウンド研究会」を立ち上げました。

そこでの取り組みは「LIVE JAPAN」の開設へとつながります。きっかけは2013年に「2020年オリンピック・パラリンピック」の東京開催が決定したことです。当初、東京地下鉄、東急電鉄、そして、ぐるなびは2020年東京オリ・パラへ向けて、アプリなどによる情報サービスを作るという構想を各社が独自に持っていました。そのような時に、当時の両社の社長であった奥義光さん、野本弘文さんと意見を交換するなかで、「2020へ向けて、レガシーとなるような新しい本格的な情報サービスを構築しようではないか。インバウンドに必要となる代表的な企業が、垣根を越え、利害を超えて集まれば、きっとできるはずだ」という思いで一致しました。そして、インバウンドに関係する各社に声掛けするなかで2016年、それまでになかった訪日外国人向けワンストップガイドサービスとして公開に漕ぎつけました。現在では交通事業者を中心とした約60超の参画社・団体で運営する日本を代表するインバウンド向け情報サービスに育っています。

「LIVE JAPAN」の具現化へ向けた取り組みに並行して、当時の安倍晋三内閣総理大臣が議長を務める「明日の日本を支える観光ビジョン構想会議」においてワーキンググループのメンバーとして活動させてもらいました。２０１５年には、総理をはじめ官邸メンバーや有識者に向けて、３歳以上の未就学児から小学3年生までの6年間、すべての子どもが無料で旅行できる「旅育」というアイディアをはじめ、日本の観光産業を土台から強くするためのいくつかの提言をする機会もいただきました。

その後のコロナ禍が与えた日本の観光産業への負のインパクトは誰もが知る通りです。インバウンドはもちろん国内観光もストップしてしまい、歴史・文化に裏付けられた観光資源の劣化や観光に携わる人材の離脱などから、日本の観光産業は立ち直れなくなるのではないかと心の底から危惧したのは私だけではなかったと思います。

そのような時に東京地下鉄の会長であった本田勝さんと意見交換するなかで一致したのは、コロナ後を見据えた観光情報の再構築の必要性でした。考えを進めるなかで浮かび上がってきたのが、東京を愛する人たちの実名による信頼できる一次情報をもとに、東京および首都圏の新たな観光情報を構築するというコンセプトです。具体的なカタチとして、グルメ、ファッション、イベント、カルチャー、パワースポット、名所旧跡、地形など、さまざまな偏愛情報を投稿・発信・共有するプラットフォーム「偏愛東京」を構築し、２

023年にサービスを開始しました。

サービスのリリース後、「偏愛東京」の仲間を広げること、そしてサービス普及のスピードアップも意図して、『"偏愛"という視座で、東京の未来を探る。』と題したシンポジウムを東工大（現・東京科学大学）のタキプラザで開催しました。登壇したのは、建築家の隈研吾さん、マンガ家・映画監督の大友克洋さん、東京藝術大学学長でアーティストの日比野克彦さん、そして私で、モデレーターは柳瀬博一さん。国の内外で活躍する方々が繰り広げる東京論に、東京はいくつものこだわりや偏愛が作り上げてきた都市であるという思いをあらためて実感することになりました。

本文で紹介した「上野公園・谷根千を世界一の観光スポットとして磨き上げる特区に！」の委員会は、「偏愛東京」プロジェクトのオプショナル企画として生まれたものです。上野公園・谷根千は、積み重ねてきた歴史的にも、芸術・文化の面でも、江戸からの日本のこだわりが色濃く集まったエリアです。委員長に就任いただいた隈研吾さんには「偏愛東京」の応援隊長も務めていただいていますが、隈さんはじめ各界を代表する方々と共に、上野公園・谷根千エリアに対するさまざまな偏愛が詰まった企画が実行できていることをうれしく思います。

本書は、2020年以降に私が編著を担当して送り出す、〝東京〟をテーマにした3冊目にあたります。

コロナ禍で東京オリ・パラの開催が延期になった2020年、東京についてあらためて見つめなおしてみたいと考え、菅付雅信さんの編集協力を得て出版したのが『東京の多様性 Diversity of Tokyo』(日経BP日本経済新聞出版本部)。多くの文化人に取材したなかで、ひときわ印象深い言葉がありました。「まずは、自分たちが住んでいる東京を体験しなければいけないし、そこから新しいものが生まれてくるのはこれからです」という大友克洋さんが述べた言葉です。私にとってその後の「偏愛東京」の具現化へとつながる言葉でした。

前作の『東京〝偏愛〟論』(日経BP日本経済新聞出版)は2023年の出版。同書に記された「上野公園から藝大前を抜けて、谷根千の狭い路地に入っていく、そのストリート感は本当にワクワクするもので、これは世界に発信できる都市モデルです」という日比野さんの一行は、現在の上野公園・谷根千エリアでの取り組みを勇気づけるものでした。

そして、この『上野がすごい——日本の未来を創る街』では、隈研吾さんが語った「せっかく明治時代に大久保たちが良い先例を作ったのに、それが完全に途切れてしまったのは惜しい」という言葉に、このプロジェクトへの使命感をいっそう強くさせられました。

本書は東京科学大学の柳瀬博一教授との共著です。国道16号線やカワセミに対する柳瀬さんの「偏愛」は大変なものですが、上野公園と谷根千エリアに対する偏愛ぶりもなかなかのもので、飽くなき情熱と知識量に感心させられました。また、「上野公園・谷根千を世界一の観光スポットとして磨き上げる特区に!」委員会に関して、委員会設立の準備委員会を兼ねた放談会の企画を考えている時に、観光庁のみならず都市局への声掛けの必要性もアドバイスくださった国土交通省事務次官(当時)の藤井直樹さん、そして委員会のカギとなるタスクフォースの結成に関して大変お世話になった東京大学特任教授の和泉洋人さんにも心から感謝申し上げます。

このほか本書の意義を理解いただきご協力をいただいた中央公論新社社長の安部順一さん、そして美術ジャーナリストの永田晶子さん、日本交通文化協会の事務局長・一木朋子さん、日本交通文化協会常任理事で毎日新聞客員編集委員の西川恵さん、外薗浩さんにもお世話になりました。

表紙のデザインは、日比野さんにお願いしました。本書を手にした多くの方の読後感がタイトル『上野がすごい――日本の未来を創る街』につながるものであればうれしいです。

2024年12月

滝　久雄

喜勢陽一（きせ・よういち）　第５章１

東日本旅客鉄道株式会社（JR東日本）代表取締役社長

1964年生まれ。東京大学法学部卒業。89年、東日本旅客鉄道に入社。2024年より現職。

山村明義（やまむら・あきよし）　第５章２

東京地下鉄株式会社（東京メトロ）代表取締役社長

1958年生まれ。東北大学工学部卒業。80年、帝都高速度交通営団（現・東京地下鉄株式会社）に入社。2007年、筑波大学大学院ビジネス科学研究科（修士課程）修了。17年より現職。19年、千葉工業大学より博士（工学）の学位を取得。

日比野克彦（ひびの・かつひこ）　第６章

東京藝術大学学長、アーティスト

1958年生まれ。東京藝術大学大学院美術研究科修士課程修了。在学中の80年代前半より作家活動を開始、注目を集める。シドニー・ビエンナーレ、ヴェネチア・ビエンナーレなど、国内外で個展・グループ展、領域を横断する多彩な活動を展開。また、地域の場の特性を生かしたアートプロジェクトを継続的に発信する。東京藝術大学にて95年から教育研究活動、2022年より現職。

隈 研吾（くま・けんご）　第７章

建築家

1954年生まれ。90年、隈研吾建築都市設計事務所設立。慶應義塾大学教授、東京大学教授を経て、現在、東京大学特別教授・名誉教授。50を超える国々でプロジェクトが進行中。自然と技術と人間の新しい関係を切り開く建築を提案。主な著書に『隈研吾　オノマトペ　建築　接地性』（エクスナレッジ、2024年）、『日本の建築』（岩波新書、2023年）、『全仕事』（大和書房、2022年）他多数。

皆川典久（みながわ・のりひさ）　第２章
東京スリバチ学会会長
1963年生まれ。東北大学工学部卒業。2003年に東京スリバチ学会を設立し、谷地形に着目したフィールドワークを東京都内で続けている。「タモリ倶楽部」や「ブラタモリ」に地形マニアとして出演、今日の地形ブームのきっかけをつくった。著書に『増補改訂 凸凹を楽しむ 東京スリバチ地形散歩』（宝島社、2021年）、『東京スリバチ街歩き』（イースト・プレス、2022年）など。14年にはグッドデザイン賞を、23年には地域再生大賞優秀賞を受賞している。

椎原晶子（しいはら・あきこ）　第３章１
國學院大學観光まちづくり学部教授
1963年生まれ。東京藝術大学大学院美術研究科博士課程（環境デザイン）単位取得退学。NPO法人たいとう歴史都市研究会理事長、ハウジングアンドコミュニティ財団理事。地域プランナー、技術士（都市及び地方計画）。著書に『受け継がれる住まい』（共著、柏書房、2016年）、『市民がまちを育む――現場に学ぶ「住まいまちづくり」』（共著、建築資料研究社、2022年）、『観光まちづくりの展望』（共著、学芸出版社、2024年）など。「上野桜木あたり」で2015年グッドデザイン賞受賞（NPO及び関係者共同受賞）。

野本弘文（のもと・ひろふみ）　第３章２
東京商工会議所副会頭
1947年生まれ。早稲田大学理工学部卒業。71年に東京急行電鉄（現・東急）に入社。 2011年に東京急行電鉄代表取締役社長に就任、15年より東急グループ代表、18年より東京急行電鉄代表取締役会長、現職。

藤原 誠（ふじわら・まこと）　第４章
東京国立博物館館長
1957年生まれ。東京大学法学部卒業。82年、文部省（現・文部科学省）入省。初等中等教育局長などを経て、2018年、文部科学事務次官。22年より現職。台東区と上野の山の文化施設などで組織する「上野の山文化ゾーン連絡協議会」会長も務める。

編著者略歴

滝 久雄（たき・ひさお） 編者／終章
文化功労者
株式会社NKB取締役会長・創業者、株式会社ぐるなび取締役会長・創業者
1940年生まれ。東京工業大学（現・東京科学大学）理工学部卒業。東京工業大学名誉博士。お茶の水女子大学名誉博士。公益財団法人日本交通文化協会理事長、公益財団法人日本ペア碁協会名誉会長・創設者、一般財団法人ホモコントリビューエンス研究所代表理事・会長。99年交通文化賞（運輸大臣表彰）、2003年東京都功労賞、08年社団法人日本広告業協会功労賞「経済産業大臣賞」、10年「情報通信月間」総務大臣表彰。著書に『貢献する気持ち』（紀伊國屋書店、2001年）、『Homo contribuens — the need to give and the search for fulfilment』（Renaissance Books, England, 2008）、『奉献心──人之本能』（中央編訳出版社、中国、2009年）、『ぐるなび「No.1サイト」への道』（日本経済新聞社、2006年）、『東京の多様性』（編著、日経BP日本経済新聞出版本部、2021年）、『東京“偏愛”論』（編著、日経BP日本経済新聞出版、2023年）など。

柳瀬博一（やなせ・ひろいち） 編者／はじめに
東京科学大学リベラルアーツ研究教育院教授
1964年生まれ。慶應義塾大学経済学部卒業。日経マグロウヒル社（現・日経BP社）に入社、『日経ビジネス』記者、単行本編集、「日経ビジネスオンライン」プロデューサーを務める。2018年より現職。著書に『国道16号線──「日本」を創った道』（新潮社、2020年、手島精一記念研究賞受賞）、『親父の納棺』（幻冬舎、2022年）、『カワセミ都市トーキョー』（平凡社、2024年）など。

浦井正明（うらい・しょうみょう） 第１章
東叡山輪王寺門跡門主、寛永寺貫首
1937年生まれ。慶應義塾大学文学部卒業。台東区教育委員会委員長、台東区文化財保護審議会委員などを歴任。2020年より現職。徳川家および天海僧正の研究をライフワークとする。著書に『もうひとつの徳川物語──将軍家霊廟の謎』（誠文堂新光社、1983年）、『上野寛永寺 将軍家の葬儀』（吉川弘文館、2007年）など。

上野《うえの》がすごい——日本《にほん》の未来《みらい》を創《つく》る街《まち》

2024年12月10日　初版発行

編著者　滝《たき》　久《ひさ》　雄《お》
　　　　柳《やな》　瀬《せ》　博《ひろ》　一《いち》

発行者　安 部 順 一

発行所　中央公論新社
〒100-8152　東京都千代田区大手町 1-7-1
電話　販売　03-5299-1730　編集　03-5299-1740
URL https://www.chuko.co.jp/

構　成　永田晶子
ＤＴＰ　市川真樹子
印　刷　大日本印刷
製　本　小泉製本

Published by CHUOKORON-SHINSHA, INC.
Printed in Japan　ISBN978-4-12-005866-0 C0026